JN265583

事例で学ぶ
認定NPO法人の申請実務
改正NPO法による書類作成の手引き

認定特定非営利活動法人
NPO会計税務専門家ネットワーク［編］

NPO

三和書籍

はじめに

　認定NPO法人制度とは、寄附金に対する税優遇制度という手法を通じて、NPO法人を社会全体で支える目的で作られたものです。折しも2011年6月に特定非営利活動促進法（NPO法）が改正され、さらに認定が受けやすくなる措置も導入されました。

　しかしながら、まだまだわが国では、非常に少ない認定NPO法人しかできていません。これはその制度の存在が十分に熟知されていないことに加え、申請の手続きや書類の書き方が一般の方には少し難解であることも影響しています。

　そこで私たちNPO会計税務専門家ネットワークでは、自らの法人を実例としながら、認定NPO法人の申請の仕方を、できる限りわかりやすくお伝えする書籍の発行を思い立ちました。それが本書ですが、一人でも多くの方に使っていただいて、わが国に確固たる寄附文化が育ち、自由で活発な市民活動が発展するための一助になれば幸いです。

　本書は改正NPO法の施行に合わせて少しでも早く刊行することを目指しましたので、今後各地で実際に申請を受け付ける所轄庁の取扱いをすべて調査したものではありません。一部異なる対応がなされるケースも出てくるかもしれませんが、その点はご留意ください。

　本書の執筆は、当法人のメンバーであり税理士でもある脇坂誠也さんと白石京子さんに行っていただきました。お二人には感謝しております。また三和書籍の高橋考社長には、本書の刊行にあたって、多大なご尽力をいただきました。この場をお借りして心よりお礼を申し上げます。

　本書が広く利用されることを願っております。

認定NPO法人NPO会計税務専門家ネットワーク理事長
岩永清滋

※　本書は平成24年4月1日現在の法律に基づいています。
※　法＝特定非営利活動促進法
※　『内閣府の手引き』＝『特定非営利活動促進法に係る諸手続きの手引き』

事例で学ぶ認定NPO法人の申請実務

目次

序章

01 認定NPO法人になるための4本の道 ──── 2
02 NPO法人NPO会計税務専門家ネットワークについて ── 4

第1部　基礎編

第1章　認定NPO法人制度の概要

03 NPO法人とは？ ──── 16
04 認定NPO法人とは？ ──── 20
05 仮認定NPO法人とは？ ──── 22
06 認定NPO法人と仮認定NPO法人の違い ──── 24
07 申請から認定等までの流れ ──── 26
08 認定後の情報公開 ──── 32
09 認定の更新 ──── 34
10 認定等の失効と取消し ──── 36
11 認定NPO法人のメリットとデメリット ──── 38

第2章　認定NPO法人の優遇措置

- 12 認定NPO法人の４つの税制上の優遇措置 ─── 42
- 13 個人が認定NPO法人等へ寄附をした場合・所得税 ─── 43
- 14 個人が認定NPO法人等へ寄附をした場合・住民税 ─── 46
- 15 法人が認定NPO法人等へ寄附をした場合 ─── 50
- 16 相続人等が認定NPO法人へ財産を寄附した場合 ─── 52
- 17 認定NPO法人のみなし寄附金制度 ─── 54

第3章　認定NPO法人の認定基準

- 18 認定NPO法人等の認定基準チェックリスト ─── 58
- 19 ≪１号基準≫　パブリックサポートテスト（PST） ─── 62
- 20 ≪２号基準≫　共益性の判定 ─── 72
- 21 ≪３号基準≫　運営組織及び経理に関する基準 ─── 74
- 22 ≪４号基準≫　事業活動に関する基準 ─── 76
- 23 ≪５号基準≫　情報公開に関する基準 ─── 80
- 24 ≪６号基準≫　事業報告書等の提出に関する基準 ─── 82
- 25 ≪７号基準≫　不正行為等に関する基準 ─── 82
- 26 ≪８号基準≫　設立後の経過期間に関する基準 ─── 83

第2部　申請書等の作成

27 第2部の構成について ……………………… 86
28 申請書の作成前に用意するもの …………… 88

第1章　絶対値基準の場合の申請書の作成

29 絶対値基準で申請する場合に必要な書類 ……………… 92
30 申請書に記載すること ……………………… 94
31 寄附者名簿の作成の手順 …………………… 96
32 絶対値基準の第1表の記載方法 …………… 100
33 第2表の記載方法 …………………………… 102
34 第3表イと第3表付表1の記載方法 ……… 104
35 第3表ハとニ、第3表付表2の記載方法 … 108
36 第4表イとロの記載方法 …………………… 110
37 第4表ハとニの記載方法 …………………… 112
38 第5表の記載方法 …………………………… 118
39 第6、7、8表の記載方法 ………………… 120
40 欠格事由チェック表の記載方法 …………… 122
41 収益事業を行っていない場合の納税証明書 … 124

第2章　相対値基準の場合の申請書の作成

- **42** 相対値基準で申請する場合に必要な書類 ……… 128
- **43** 寄附者名簿の作成の手順 ……… 130
- **44** 相対値基準の第1表の上半分の記載方法 ……… 134
- **45** 相対値基準の第1表の下半分の記載方法 ……… 136
- **46** 第1表付表1の記載方法 ……… 140
- **47** 第1表付表2の記載方法 ……… 144
- **48** 小規模法人の特例とは？ ……… 146
- **49** 相対値基準で申請する場合に必要な書類 ……… 150

第3章　条例個別指定基準で申請する場合の申請書の作成

- **50** 条例個別指定基準で申請する場合に必要な書類 ……… 152
- **51** 条例個別指定基準で申請する場合に必要なこと ……… 154
- **52** 条例個別指定基準の場合の第1表の記載方法 ……… 156
- **53** 条例個別指定基準の場合の第2表の記載方法 ……… 158
- **54** 条例個別指定基準で申請する場合に必要な書類 ……… 160

第4章　仮認定で申請する場合の申請書の作成

- **55** 仮認定で申請する場合に必要な書類 ……… 162
- **56** 仮認定で申請する場合の注意点 ……… 164

57 仮認定で申請する場合に必要な書類 ────── 166

第5章 認定後に必要な書類の作成等

58 認定を取得した後の流れ ────── 168
59 毎事業年度提出する役員報酬規程等とは? ────── 170
60 収益の明細書等の記載方法 ────── 172
61 毎事業年度提出するチェック表 ────── 178
62 認定後に提出するその他の書類 ────── 180

第6章 更新時等に必要な書類の作成

63 認定の更新をしようとするときの手続き ────── 186
64 認定の更新をするときに提出する書類 ────── 188
65 仮認定を受けた後に認定NPO法人になる場合 ────── 190

〈巻末〉
所轄庁一覧 ────── 192
参考書籍等 ────── 195

序章

01 認定NPO法人になるための4本の道

　認定NPO法人になるためには4本の道があります。

　1本目は、絶対値基準で認定NPO法人を目指す道です。3,000円×100人基準とも言われているもので、平成23年6月30日に新たにできました。

　2本目は、相対値基準で認定NPO法人を目指す道です。これは、従来からあった道で、さらに、原則用と小規模法人用に分かれます。

　3本目は、条例の個別指定により、まず住民税の寄附金控除の対象となる法人になったうえで、所得税の控除が受けられる認定NPO法人を目指す道です。

　4本目は、まず仮認定NPO法人になった上で、3年以内に絶対値基準、相対値基準、条例個別指定基準のいずれかのPSTをクリアして認定NPO法人に移行する道です。この道は、平成24年4月1日以降にできた道で、原則として設立5年以内の法人にのみ認められている道です。ただし、平成27年3月31日までは、すべてのNPO法人が仮認定を受けられるため、この間は、すべてのNPO法人に開かれた道です。

　この本では、前半の第1部で、制度の概要、税制上の優遇の内容、認定の基準など、認定NPO法人制度の基礎を説明し、第2部で、認定NPO法人になるための4本の道のそれぞれについて、どのような書類の提出が必要であるかを事例を使いながら見ていきます。また、認定を取得した後に必要な書類についても見ていくことにします。まずは、今回の事例の対象である、私たちNPO法人NPO会計税務専門家ネットワークがどのような団体であるのかを次頁以降で紹介いたします。

認定NPO法人になるための4本の道

❖ 1本目　絶対値基準で認定NPO法人を目指す

```
絶対値基準で所轄庁に申請
年3,000円以上の寄附者 ≧ 100人（年平均）
```

❖ 2本目　相対値基準で認定NPO法人を目指す

相対値基準で所轄庁に申請

$$\frac{寄附金等収入金額}{経常収入金額} \geqq 20\%$$

❖ 3本目　条例個別指定を受けた後に認定NPO法人を目指す

条例個別指定を受ける　→　条例個別指定基準で所轄庁に申請

住民税の寄附金控除の対象団体になる　　所得税の控除が受けられる

❖ 4本目　仮認定NPO法人になった後に認定NPO法人を目指す

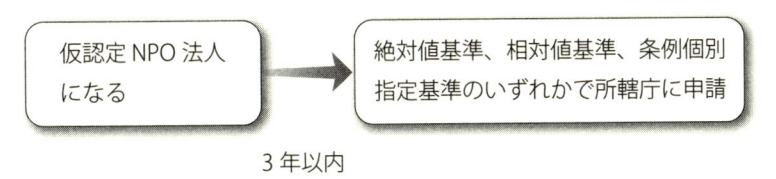

仮認定NPO法人になる　→　絶対値基準、相対値基準、条例個別指定基準のいずれかで所轄庁に申請

3年以内

02 NPO法人NPO会計税務専門家ネットワークについて

　特定非営利活動法人NPO会計税務専門家ネットワークは、「会計と税務の支援を通してNPOが健全に発展し、そのミッションが達成されることに寄与すること」を目的として2004年に設立された法人です。2012年5月現在で会員は約300名、税理士・会計士などの専門家を中心に、NPOの支援センターの方、学者の方、NPOの現場で働いている方など、主にNPOを支援する人たちで構成されています。英文名のNPO　Accounting　&　Tax　Professional　NetworkからNPO略称をNPOATPROとしていますが、以下では略称の「＠PRO」を使用します。

　特定非営利活動促進法（以下「NPO法」とします）は、1998年に誕生しましたが、新しい非営利法人の形態であり、会計や税務に関してまったく未開の分野でした。そこに最初に挑んだのが、＠PROの初代理事長である、故赤塚和俊氏です。＠PROは、現事務局長である瀧谷和隆氏が、国際協力基金の研修で、アメリカのNPO支援組織であるAPIに派遣され、そのAPIでの活動にヒントを得て、「NPOを会計と税務から支援する組織が必要になる」と、赤塚氏に声をかけて設立されました。設立以来、NPOに対する会計税務知識の普及・啓発を始め、会計税務専門家へのNPOに関する知識の普及などを行ってきました。主に、メーリングリスト上で、会員間で、お互いの疑問点を出し合い、それについて解決策を一緒に考えるという活動が中心でした。

　＠PROの活動に大きな変化をもたらしたのが、2009年3月から始まったNPO法人会計基準策定プロジェクトです。民間主導でNPOの会計基準を策定しようというプロジェクトに、＠PROは代表団体の一つとして参画し、策定委員、専門委員などにも多数の会員を派遣しました。全国の多

数のNPO支援組織やNPO関係者、行政などを巻き込んだこのプロジェクトは、2010年7月20日にNPO法人会計基準の策定・公表という形で結実しました。

そして、2012年4月1日から施行されるNPO法の改正で、認定NPO法人制度が大幅に拡充され、会計についても、NPO法人会計基準をベースにした活動計算書がNPO法人の作成すべき計算書類となりました。NPO法人の会計と税務の分野に、会計基準と認定NPO法人制度という大きな道ができました。

これからは、この会計基準と認定NPO法人制度という新しい道がどのような道であるのかを紹介し、理解してもらい、多くのNPO法人の方にこの道に乗ってもらうことが必要になります。いくらいい道ができても誰も走る人がいなければ意味がありません。

＠PROは、まず自分自身がモデルケースになろうと考え、2010年6月期の決算から、NPO法人会計基準に沿った会計報告を行っています。また、認定NPO法人制度についても、従来の国税庁認定の認定NPO法人として、2011年12月に認定されました。さらに、2012年4月から新たにできた所轄庁認定の認定NPO法人を目指すべく、東京都に、2012年5月に認定申請をしています。

この本では、2011年12月に国税庁から認定を受けた＠PROの認定申請書を事例にしながら、実際の申請書の書き方を見ていきます。ただし、＠PROは、2008年7月〜2010年6月を実績判定期間として国税庁認定の申請で認定を受けましたので、新しい所轄庁認定の書類に修正すべく、2事業年度ずらして、2010年7月〜2012年6月を実績判定期間（数字は2008年7月〜2010年6月のものを利用）とし、申請書についても一部手直しをしています。また、寄附者名簿等一部の書類については架空のものを使用しています。毎年提出する書類や更新に関する書類は、＠PROはまだこれらの書類を提出したことがありませんので、架空のものになりま

す。

　参考までに、この本の申請書の基礎になっている、2008年7月1日〜2009年6月30日と2009年7月1日〜2010年6月30日の＠PROの決算書（貸借対照表・財産目録は省略）を次頁以降に掲載いたします。2009年6月期は、収支計算書で作成しており、2010年6月期は、活動計算書で作成していますので、従来の収支計算書と活動計算書がどのように違うのかを理解する一助にもなるのではないかと思います。なお、この本に記載されている申請書は、次頁の決算書を数字は同じものを使いながら、2事業年度ずらして適用していますので、ご注意ください。

　また、＠PROでは、認定NPO法人やNPOの会計全般、法人税などの税務に対するさまざまな疑問に答えたり、経験を共有化したりするために、右頁のような「認定NPO法人への道」(http://npoqa.jp/)というQ&Aサイトを2012年4月に立ち上げました。認定NPO法人のことや、会計・税務について疑問に思ったり、この本でわからないことがあった場合には、このサイトにご質問ください。

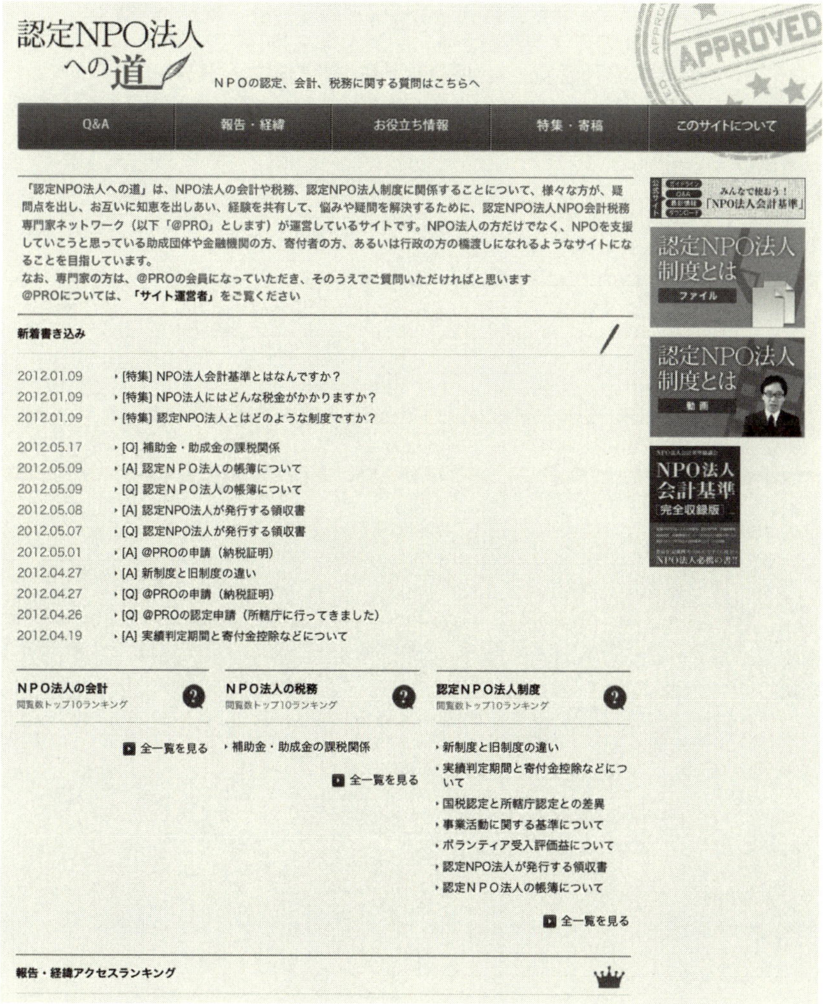

認定NPO法人への道

NPOの認定、会計、税務に関する質問はこちらへ

APPROVED

| Q&A | 報告・経緯 | お役立ち情報 | 特集・寄稿 | このサイトについて |

「認定NPO法人への道」は、NPO法人の会計や税務、認定NPO法人制度に関係することについて、様々な方が、疑問点を出し、お互いに知恵を出しあい、経験を共有して、悩みや疑問を解決するために、認定NPO法人NPO会計税務専門家ネットワーク（以下「@PRO」とします）が運営しているサイトです。NPO法人の方だけでなく、NPOを支援していこうと思っている助成団体や金融機関の方、寄付者の方、あるいは行政の方の橋渡しになれるようなサイトになることを目指しています。
なお、専門家の方は、@PROの会員になっていただき、そのうえでご質問いただければと思います
@PROについては、「**サイト運営者**」をご覧ください

インタビュー
みんなで使おう！
「NPO法人会計基準」

認定NPO法人
制度とは
ファイル

認定NPO法人
制度とは
動画

NPO法人会計基準完全収録版
NPO法人必携の書！

新着書き込み

2012.01.09	▶[特集] NPO法人会計基準とはなんですか？
2012.01.09	▶[特集] NPO法人にはどんな税金がかかりますか？
2012.01.09	▶[特集] 認定NPO法人とはどのような制度ですか？
2012.05.17	▶[Q] 補助金・助成金の課税関係
2012.05.09	▶[A] 認定ＮＰＯ法人の帳簿について
2012.05.09	▶[Q] 認定ＮＰＯ法人の帳簿について
2012.05.08	▶[A] 認定NPO法人が発行する領収書
2012.05.07	▶[Q] 認定NPO法人が発行する領収書
2012.05.01	▶[A] @PROの申請（納税証明）
2012.04.27	▶[A] 新制度と旧制度の違い
2012.04.27	▶[Q] @PROの申請（納税証明）
2012.04.26	▶[Q] @PROの認定申請（所轄庁に行ってきました）
2012.04.19	▶[A] 実績判定期間と寄付金控除などについて

NPO法人の会計
閲覧数トップ10ランキング

▶ 全一覧を見る

NPO法人の税務
閲覧数トップ10ランキング

・補助金・助成金の課税関係

▶ 全一覧を見る

認定ＮＰＯ法人制度
閲覧数トップ10ランキング

・新制度と旧制度の違い
・実績判定期間と寄付金控除について
・国税認定と所轄庁認定との差異
・事業活動に関する基準について
・ボランティア受入評価益について
・認定NPO法人が発行する領収書
・認定ＮＰＯ法人の帳簿について

▶ 全一覧を見る

報告・経緯アクセスランキング

2008年度 特定非営利活動に係る事業会計 収支計算書
2008年7月1日から 2009年6月30日まで
特定非営利活動法人NPO会計税務専門家ネットワーク

科　目	金　額（単位：円）		
Ⅰ経常収入の部			
会費収入			
正会員会費収入	1,510,000		
会費収入計		1,510,000	
事業収入			
シンポジウム参加料収入	18,170		
JICA会計支援事業収入	70,000		
事業収入計		88,170	
助成金収入			
民間助成金収入	500,000		
助成金収入計		500,000	
寄付金収入			
懇親会等残金	16,884		
寄付金収入計		16,884	
雑収入			
受取利息	756		
雑収入	10,000		
雑収入計		10,756	
経常収入合計			2,125,810
Ⅱ経常支出の部			
事業費			
1 普及啓発事業			
《サポートサイト運営費用》			
ホームページ整備費	168,000		
業務委託費	600,000		
雑費	1,260		
《サポートサイト運営費用》計	769,260		
《シンポジウム開催費用》			
作業謝金	20,000		
講師謝金	60,000		
講師旅費	75,220		
消耗品費	578		
印刷製本費	25,500		
会場設営費	84,310		
雑費	315		
《シンポジウム開催費用》計	265,923		
《その他の普及啓発費用》			
資料費	60,000		
《その他の普及啓発費用》計	60,000		
【普及啓発事業費】計		1,095,183	
2 政策提言事業			
諸会費	30,000		
会計基準プロジェクト事務局委託費	750,000		
【政策提言事業費】計		780,000	
事業費計		1,875,183	

管理費			
福利厚生費	15,750		
会議費	3,276		
通信運搬費	44,444		
消耗品費	49,959		
資料費	1,000		
支払手数料	10,500		
諸会費	60,000		
租税公課	1,000		
事務局運営委託費	240,000		
雑費	210		
管理費計		426,139	
経常支出合計			2,301,322
経常収支差額			△175,512
Ⅲ その他資金収入の部			
その他資金収入の部合計			0
Ⅳ その他資金支出の部			
その他資金支出の部合計			0
その他収支差額			0
当期収支差額			△175,512
前期繰越収支差額			1,102,337
次期繰越収支差額			926,825

Ⅴ 正味財産増加の部			
1. 資産増加額			
資産増加額合計		0	
2. 負債減少額			
負債減少額合計		0	
正味財産増加額計			0
Ⅵ 正味財産減少の部			
1. 資産減少額			
当期収支差額（減少額）	175,512		
資産減少額合計		175,512	
2. 負債増加額			
負債増加額合計		0	
正味財産減少額計			175,512
当期正味財産増減額			△175,512
前期繰越正味財産額			1,102,337
次期繰越正味財産額			926,825

注記：資金残高の内訳（当法人の資金の範囲は、現金預金及び短期の金銭債権債務としている。）

科　目	期首残高	期末残高	当期増減
現金	2,262	4,204	1,942
普通預金・郵便振替口座	1,065,075	427,621	△637,454
未収金	50,000	500,000	450,000
前受金	△15,000	△5,000	10,000
期末資金残高	1,102,337	926,825	△175,512

II．2009年度決算報告

活動計算書（注）

2009年07月01日から2010年06月30日まで

(単位：円)

科　目	金　額		
I 経常収益			
1 受取会費			
正会員受取会費		1,485,000	
2 受取寄付金			
受取会計基準プロジェクト特別寄付金等		1,375,000	
3 受取助成金等			
受取民間助成金		4,500,000	
4 事業収益			
シンポジウム参加料収益		60,000	
5 その他収益			
受取利息	247		
雑収入	5,000	5,247	
経常収益計			7,425,247
II 経常費用			
1 事業費			
(1) 人件費			
人件費計	0		
(2) その他経費			
業務委託費	6,928,000		
旅費交通費	83,940		
広報費	10,500		
消耗品費	2,880		
資料費	425,102		
賃借料	9,340		
諸会費	30,000		
雑費	420		
その他経費計	7,490,182		
事業費計		7,490,182	
2 管理費			
(1) 人件費			
人件費計	0		
(2) その他経費			
旅費交通費	500		
通信運搬費	69,686		
広報費	46,000		
諸会費	60,000		
支払手数料	16,800		
その他経費計	192,986		
管理費計		192,986	
経常費用計			7,683,168
当期正味財産増減額			△257,921
前期繰越正味財産額			926,825
次期繰越正味財産額			668,904

（注）特定非営利活動促進法第28条第1項の収支計算書を活動計算書と呼んでいます。

財務諸表の注記

今事業年度よりNPO法人会計基準（2010年7月20日 NPO法人会計基準協議会）に準拠して財務諸表を作成することとしました。

1. 重要な会計方針
   財務諸表の作成は、当事業年度より、NPO法人会計基準（2010年7月20日NPO法人会計基準協議会公表）によっています。
   同基準では、特定非営利活動促進法第28条第1項の収支計算書を活動計算書と呼んでいます。

2. 事業別損益の状況
   事業別損益の状況は以下の通りです。

科目	情報共有事業	シンポジウム開催事業	NPO法人会計基準策定事業	その他の政策提言事業	事業部門計	管理部門	合計
Ⅰ 経常収益							
1. 受取会費						1,485,000	1,485,000
2. 受取寄付金			1,255,000		1,255,000	120,000	1,375,000
3. 受取助成金等			4,500,000		4,500,000		4,500,000
4. 事業収益		60,000			60,000		60,000
5. その他収益						5,247	5,247
経常収益計	0	60,000	5,755,000	0	5,815,000	1,610,247	7,425,247
Ⅱ 経常費用							
(1) 人件費							
人件費計	0	0	0	0	0	0	0
(2) その他経費							
業務委託費	168,000	30,000	6,730,000		6,928,000		6,928,000
旅費交通費		83,940			83,940	500	84,440
通信運搬費						69,686	69,686
広報費			10,500		10,500	46,000	56,500
消耗品費		2,880			2,880		2,880
資料費	425,102				425,102		425,102
賃借料		9,340			9,340		9,340
諸会費				30,000	30,000	60,000	90,000
支払手数料						16,800	16,800
雑費			420		420		420
その他経費計	593,102	126,160	6,740,920	30,000	7,490,182	192,986	7,683,168
経常費用計	593,102	126,160	6,740,920	30,000	7,490,182	192,986	7,683,168
当期経常増減額	△593,102	△66,160	△985,920	△30,000	△1,675,182	1,417,261	△257,921

3. 使途等が制約された寄付等の内訳
   使途等が制約された寄付等の内訳は以下の通りです。
   当法人の正味財産は668,904円ですが、そのうち使途が指定されているものはありません。

内容	前期繰越額	当期受入額	当期減少額	次期繰越額	備考
NPO法人会計基準策定事業受取助成金	0	4,500,000	4,500,000	0	郵便事業株式会社から総額500万円の助成を受けました。前事業年度に50万円を収益に計上し対象事業を実施し、今事業年度は残りの450万円を収益に計上し対象事業を実施しました。
NPO法人会計基準策定事業受取寄付金	0	1,255,000	1,255,000	0	会員より1,255,000円の寄付を受け、全額を対象事業に使用しました。
合計	0	5,755,000	5,755,000	0	

4. 借入金の増減内訳

科目	期首残高	当期受入額	当期減少額	期末残高
役員借入金	0	1,480,000	1,480,000	0
合計	0	1,480,000	1,480,000	0

5. 役員及びその近親者との取引の内容

科目	財務諸表に計上された金額	内役員及び近親者との取引
（貸借対照表）		
役員借入金	0	0
貸借対照表計	0	0

＊役員借入金の期末残高はありませんが、期中において役員2名より1,480,000円の借入額と同額の返済額がありました。

6. その他
   当事業年度よりNPO法人会計基準に準拠して財務諸表を作成することとしましたが前事業年度以前から発生主義に基づいて財務諸表を作成してきましたので影響額はありません。
   従来公表していました収支計算書に代えて活動計算書を公表することとしましたので、ご注意願います。

第1部

基礎編

認定NPO法人制度の概要

第 1 章

03 NPO法人とは？

　特定非営利活動法人（以下NPO法人）は、特定非営利活動促進法（以下NPO法）に基づいて設立される法人です。平成10年12月の法施行後、13年間で、NPO法人の数は約45,000になりました（平成24年3月末内閣府データより）。

　NPO法が制定された目的は、特定非営利活動（※1）を行う団体に法人格（※2）を付与する（与える）こと並びに運営組織や事業活動が適正で公益の増進に資するNPO法人の認定に係る制度を設けること等により、ボランティア活動をはじめとする市民が行う自由な社会貢献活動の健全な発展を促進し、公益の増進に寄与することです（法第1条）。

　NPO法は、自由な法人運営を尊重するため、NPO法人が自ら情報公開し、市民がそれを監視することを前提に、所轄庁（※3）の関与を極力抑制した制度となっています（法第28条、第41条）。

　NPO法人を設立するためには、所轄庁に申請書を提出し、認証を受けなければなりません。一方、所轄庁はその申請がNPO法の定める要件に適合するときは、認証しなければならないことになっています（法第10条、第12条）。

NPO法の概要

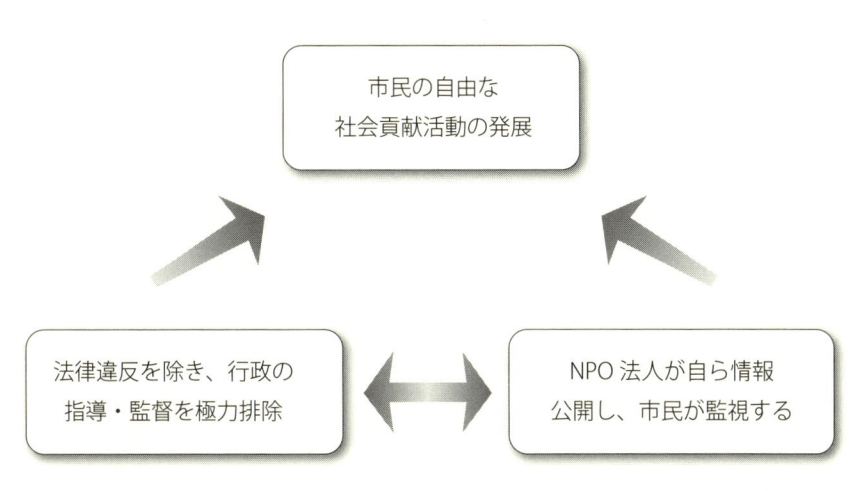

```
        市民の自由な
     社会貢献活動の発展
          ↑         ↑
          │         │
法律違反を除き、行政の  ←→  NPO法人が自ら情報
指導・監督を極力排除       公開し、市民が監視する
```

※1　特定非営利活動とは、NPO法で定める20分野の活動で、不特定かつ多数のものの利益の増進に寄与する活動のこと。
　　　非営利とは、剰余金（利益）が生じた場合には分配（理事や会員同士で分けること）してはならず、翌年度以降の特定非営利活動の事業費に充てることをいう。
※2　法人格があると、財産（銀行預金や不動産など）の所有や、行政などとの契約を法人の名義で行うことができる。
※3　NPO法人の主たる事務所のある都道府県知事または政令指定都市の市長（ただし、2以上の都道府県に事務所がある場合は主たる事務所のある都道府県知事）。

【NPO法人の情報公開】

　NPO法人は、毎事業年度初めの3月以内に、前事業年度の事業報告書等を作成し、役員名簿、定款等とともに、すべての事務所（主たる事務所と従たる事務所）に備え置き、正当な理由がある場合を除き閲覧させなければなりません（法第28条）。

　NPO法人は、毎事業年度1回、事業報告書等を所轄庁に提出しなければなりません。所轄庁は、これらの提出された書類を閲覧または謄写させなければならないとされています（法第29条、第30条）。

公開する書類（P.80　5号基準のイ）	備え置き期間
事業報告書等 　①事業報告書 　②計算書類 　③財産目録 　④年間役員名簿（※1） 　⑤社員のうち10人以上の者の名簿（※2） 役員名簿（※3）	翌々事業年度の末日までの間
定款等（※4）	

※1　年間役員名簿とは、前事業年度において役員であったことがある者全員の氏名及び住所等と、前事業年度における報酬の有無を記載した名簿のこと。
※2　社員のうち10人以上の者の名簿とは、前事業年度の末日における社員のうち10人以上の者の氏名（法人は、その名称と代表者の氏名）及び住所等を記載した書面のこと。
※3　役員の変更があった場合に法人が作成する、最新の役員名簿のこと。役員全員の氏名及び住所等を記載する。
※4　定款等とは、定款並びに認証及び登記に関する書類の写しのこと。

NPO法改正と新寄附税制の関係

≪NPO法改正の概要≫

1	活動分野が17から20に
2	所轄庁の変更
3	認証制度の柔軟化、簡素化
4	収支計算書から活動計算書へ （NPO法人会計基準の導入）
5	認定基準の緩和と仮認定制度の導入
6	NPO法人のデータベースの整備とインターネットによる情報の提供

　平成23年6月にNPO法と寄附税制が改正されました。税制改正で、寄附金控除に税額控除が追加、さらにみなし寄附金制度が拡充されました。この2つの法改正には密接な関係があります。上記の4と6はNPO法人の情報公開を強化する改正です。認定基準を緩和し、税金の優遇措置を拡充するかわりに、NPO法人に対し、より一層の情報公開を求めているのです。

　寄附金は、寄附者がNPO法人に託したお金です。NPO法人には、寄附者の期待に応えてミッション遂行のために寄附金を活用し、寄附者への説明責任を果たす義務があるのです。

04 認定NPO法人とは？

　認定NPO法人は、正式には「認定特定非営利活動法人」といい、所轄庁が、NPO法人のうち、その運営組織及び事業活動が適正であって公益の増進に資する法人であると認定した法人です（法第44条）。

　認定NPO法人制度は、法人に寄附をした人や法人の税金を優遇することで、寄附を集めやすくする制度です。また、認定NPO法人自身が納める法人税も優遇措置が受けられますので、資金繰りにゆとりが生まれ、その分を事業費に充てることができるようになります。このように、認定NPO法人はさまざまな税金の優遇を受けられるため、高い公益性や、より適正な法人運営が求められています。

　認定を受けたいNPO法人は、設立の時と同じく所轄庁に申請書を提出する必要があります。所轄庁はそのNPO法人を審査し、一定の基準に適合すると認めた場合に限り認定します（法第45条）。
　この制度ができて約10年が経ちましたが、認定NPO法人の数は252団体（平成24年5月現在）で、NPO法人全体の0.5%と非常に少なく、認定NPO法人になるのは非常に狭き門といえます。
　平成23年6月のNPO法改正により認定基準が緩和されたので、今後は増加していくことが期待されています。

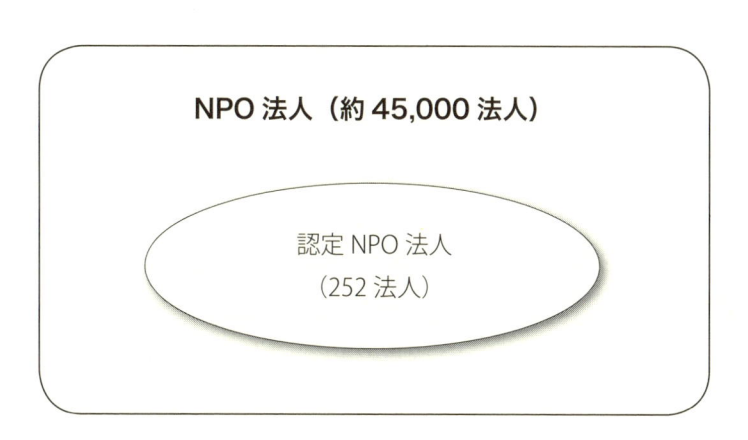

```
┌─────────────────────────────────────────┐
│         NPO法人（約45,000法人）            │
│                                         │
│              ╭─────────╮                │
│             （ 認定NPO法人 ）             │
│              （ 252法人 ）                │
│              ╰─────────╯                │
└─────────────────────────────────────────┘
```

NPO法人は「認証」

　設立の手続きや申請書類等に不備がない、特定非営利活動を行う団体として一定の要件を満たしていれば「認証」される。つまり、設立の手続きがきちんと行われたという「証明」が「認証」。

認定NPO法人は「認定」

　NPO法人のうち、所轄庁による審査の結果、「公益性が高く、運営組織や事業活動が適正である」と「認定」された法人。

05 仮認定NPO法人とは？

　仮認定NPO法人は、正式には「仮認定特定非営利活動法人」といい、NPO法人で新たに設立されたもののうち、その運営組織が適正で特定非営利活動の健全な発展の基盤を有し公益の増進に資すると見込まれるものについて、所轄庁が仮認定をした法人です（法第58条）。

　仮認定を受けるためには、認定NPO法人と同様、所轄庁に申請書を提出する必要があります。所轄庁はそのNPO法人を審査し、運営組織や事業活動が適正であるなど一定の基準に適合すると認めるときは仮認定をします（法第59条）。

　認定NPO法人制度は、寄附をした人に税金の優遇措置を与えることで寄附を増やす制度ですが、これは裏を返せば優遇措置がなければ寄附が集まりにくいことを意味します。寄附が集まらないと認定基準の一つ「パブリックサポートテスト」がクリアできず、これが認定NPO法人への道を険しくしていた最大の原因でした。
　そこで、認定基準のうち「パブリックサポートテスト」以外の7つの基準をクリアしたNPO法人に、3年間だけ税金の優遇措置（認定NPO法人に比べ一部制限されています）を与えることで、がんばって寄附を集めて認定NPO法人になってもらおう、というのがこの制度の主旨です。

仮認定NPO法人から認定NPO法人へ

まずは仮認定NPO法人に

NPO法人 → 仮認定NPO法人 → 認定NPO法人

寄附を集めて認定NPO法人へ

06 認定NPO法人と仮認定NPO法人の違い

名称	認定NPO法人	仮認定NPO法人
申請できる法人	申請日を含む事業年度の初日において、設立の日以後1年を超える期間が経過している法人。	申請日を含む事業年度の初日において、設立の日以後1年を超える期間が経過している法人。申請日の前日において、設立の日から5年を経過しない法人（平成27年3月31日までは全ての法人が申請可）かつ、仮認定を一度も受けたことがない法人。
認定（仮認定）の有効期間	認定の日から5年。（ただし、認定更新の申請中に有効期間が終了した場合は再認定の処分があるまで有効）	仮認定の日から3年。
更新	可能	不可（1回のみ）
認定基準	8つの認定基準を満たしていること。	パブリックサポートテストを除く7つの認定基準を満たしていること。
優遇措置が受けられる税金の種類	①個人が寄附をした場合…所得税、住民税 ②法人が寄附をした場合…法人税 ③相続人が相続財産を寄附した場合…相続税 ④認定NPO法人が納付する法人税等	①個人が寄附をした場合…所得税、住民税 ②法人が寄附をした場合…法人税 ③適用なし ④適用なし

実績判定期間 (※1)	認定申請日の直前に終了した5事業年度（ただし初回申請の場合は、2事業年度）	仮認定申請日の直前に終了した2事業年度
認定後の情報公開	NPO法人に義務付けられる事業報告書等のほかに、毎事業年度、所定の書類の作成と閲覧、所轄庁への提出といった情報公開が義務付けられている。 2以上の都道府県に事務所がある場合は、所轄庁以外の都道府県知事にも提出する。	同左

※1　実績判定期間とは、認定基準の判定の対象となる期間のこと（P.35を参照）。

07 申請から認定等までの流れ

【申請先・相談窓口】

　認定NPO法人及び仮認定NPO法人（以下認定NPO法人等）の申請・相談窓口は、NPO法人の所轄庁です。NPO法人の所轄庁は、法人の主たる事務所が所在する都道府県の知事、法人の主たる事務所が政令指定都市の区域のみに所在する場合は、政令指定都市の長です（法第9条）。都道府県によっては、各市町村へ権限が移譲されている場合がありますので、詳しくは各所轄庁へお問い合わせください（巻末に所轄庁の一覧を表示しています）。

【認定等の申請手続き】

　認定及び仮認定（以下認定等）を受けようとするNPO法人は、申請書類と添付書類を所轄庁に提出します（法第44条②）。
1．（仮）認定特定非営利活動法人としての（仮）認定を受けるための申請書
2．寄附者名簿
3．認定基準等チェック表・欠格事由チェック表
4．寄附金を充当する予定の具体的な事業内容を記載した書類

【認定等の基準】

　認定NPO法人になるためには、8つの認定基準（仮認定は1号を除く7つ）に適合する必要があります。また欠格事由に該当すると認定等を受けられません（法第45条、47条）。

認 定 基 準	
1号基準 (仮認定の場合は除く)	パブリックサポートテスト ①【相対値基準】経常収入金額に占める寄附金等収入金額の割合が20％以上である または ②【絶対値基準】年3,000円以上の寄附者の数が平均100人以上である または ③【条例個別指定】都道府県又は市区町村の条例による個別指定を受けている （①②③のいずれかに適合していれば良い）
2号基準	事業活動において、共益的な活動の占める割合が50％未満である
3号基準	運営組織及び経理が適切である
4号基準	事業活動の内容が適切である
5号基準	情報公開を適切に行っている
6号基準	所轄庁に対して事業報告書などを提出している
7号基準	法令違反、不正行為、公益に反する事実等がない
8号基準	設立の日から1年を超える期間が経過している

※	欠格事由のいずれにも該当しない

【欠格事由】（P.122第2部40を参照）

　欠格事由は、H23年6月の法改正で新たに追加された条文です。右の表に掲げる欠格事由のいずれかに該当するNPO法人は、認定、仮認定、認定の更新のいずれも受けることができません（法第47条）。

　またロの規定は、一度認定等の取消しの処分があったら、その取消しの日から5年以上経過しないと再申請はできないことを意味します。

	欠 格 事 由
	次に掲げる欠格事由のいずれにも該当しないこと
イ	役員のうち、次の①から④のいずれかに該当する者がある ①認定等を取り消された法人の、その取消原因の事実があった日以前1年以内に、その業務を行っていた理事であった者で、取消しの日から5年を経過しない者 ②禁錮以上の刑に処せられ、その執行を終わった日等から5年を経過しない者 ③NPO法若しくは暴力団不当行為防止法に違反したことにより、罰金刑に処せられ、その執行を終わった日等から5年を経過しない者 ④暴力団の構成員等
ロ	認定等の取消しの日から5年を経過しない
ハ	定款又は事業計画書の内容が法令等に違反している
ニ	国税又は地方税の滞納処分が執行されている（※1）又は滞納処分の終了の日から3年を経過しない
ホ	国税に係る重加算税又は地方税に係る重加算金を課されてから3年を経過しない
ヘ	次の①、②のいずれかに該当する法人 ①暴力団 ②暴力団又は暴力団の構成員等の統制下にある法人

※1 「国税又は地方税の滞納処分が執行されている」とは、法人が国税や地方税を納付しない場合に、行政機関が財産の差押え等を行っている状態のことをいいます。

【認定等の通知】

　所轄庁は、NPO法人の認定等をしたときはその旨を、不認定の場合はその旨とその理由を、速やかに申請したNPO法人へ書面で通知しなければならないことになっています（法第49条）。

【認定等の公示】

　所轄庁は、NPO法人の認定をしたときは、インターネットの利用その他の方法により、次の事項を公示します（法第49条②）。
　1．法人の名称
　2．代表者の氏名
　3．主たる事務所及びその他の事務所の所在地
　4．認定の有効期間
　5．その他条例で定める事項

【認定等の有効期間】

　認定の日から5年（法第51条①）。
　ただし、仮認定は、3年（法第60条）。

【標準処理期間】

　「行政庁は、申請がその事務所に到達してから当該申請に対する処分をするまでに通常要すべき標準的な期間を定めるよう努めること（行政手続法第6条）」という規定があり、NPO法改正前の所轄庁の国税庁は、認定NPO法人の標準処理期間を6か月以内と定めていました。法改正後の所轄庁も、この6か月を目安に認定審査を行うものと考えられます。
　また、書類に不備があったり、追加の資料の提出を求められたりした場合には、その修正や再提出に要した期間は、この標準処理期間には含まれないとされています。

認定NPO法人への道

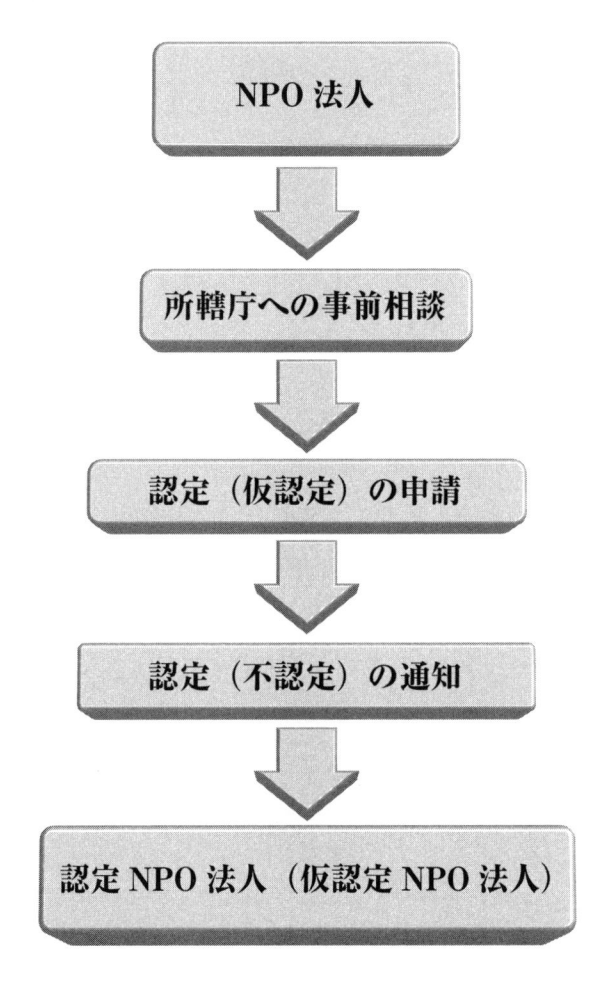

```
NPO法人
   ↓
所轄庁への事前相談
   ↓
認定（仮認定）の申請
   ↓
認定（不認定）の通知
   ↓
認定NPO法人（仮認定NPO法人）
```

❖ NPO法人設立後、最低2事業年度が経過している必要があります。

❖ **認定NPO法人への道は4本。** よく検討して最適な道を選択しましょう。

❖ 認定申請、仮認定申請をする前に、所轄庁の事前相談窓口をできるだけ利用しましょう。
❖ 申請書類や添付書類に記載漏れや誤記入があると審査が円滑にすすみません。なるべく事前にチェックを受けて修正しておきましょう。
❖ 書類の作成に手間取っているうちに、決算をまたいでしまうと実績判定期間が1期ずれることになります。準備は計画的にしましょう。

❖ 申請後も所轄庁から追加の資料の提出を求められたり、提出書類に関する質問に対応したりと、意外にすることは多く申請したら終わりではありません。
❖ 法人の事務所への実地調査もあります。

❖ いよいよ待ちに待った認定の通知が届きました。認定（仮認定）NPO法人として新たなステージの始まりです。
❖ 仮認定NPO法人は、寄附をがんばって集めて認定NPO法人を目指しましょう！

08 認定後の情報公開 (P.170第2部59〜62参照)

　認定NPO法人等は、認定等を受けたときは、申請書類のうち次に掲げる書類を一定の期間NPO法人のすべての事務所に備え置き、正当な理由がある場合を除き閲覧させなければなりません。

認定（仮認定）の申請書類	備え置き期間
認定基準等チェック表・欠格事由チェック表	認定の日から起算して5年間（仮認定は3年間）
寄附金を充当する予定の具体的な事業内容を記載した書類（P.80　5号基準のハ）	

　認定NPO法人等は、毎事業年度開始から3月以内に、右に掲げる書類を作成し、一定の期間、NPO法人のすべての事務所に備え置いて、正当な理由がある場合を除き閲覧させなければなりません（法第54条）。

　また、寄附者名簿以外の書類を毎事業年度1回、所轄庁へ提出しなければなりません。（2以上の都道府県に事務所を設置する認定NPO法人等は、所轄庁以外の都道府県知事へも提出しなければなりません、法第55条）。所轄庁は、これらの提出された書類（過去3年間に提出されたものに限る）を閲覧または謄写させなければならないとされています（法第56条）。

　また、役員の変更等の届出、定款の変更の届出等の書類も、2以上の都道府県に事務所を設置する認定NPO法人等は、所轄庁以外の都道府県知事へも提出しなければなりません（法第52条）。

作成する書類	備え置き期間
前事業年度の寄附者名簿	作成の日から起算して5年間（3年間）
前事業年度の役員報酬または職員給与の支給に関する規程（P.80　5号基準のニ）	翌々事業年度の末日までの間
前事業年度の収益の明細等（P.80　5号基準のホ）	
P58認定基準チェックリストの3①②、4①②、5、7の基準に適合している旨、並びに欠格事由のいずれにも該当しない旨を説明する書類（P.80　5号基準のロ）	
助成金支給の実績を記載した書類（P.80　5号基準のヘ①）	作成の日から起算して3年が経過した日を含む事業年度の末日までの間（作成の日から仮認定有効期間満了の日までの間）
海外への送金または金銭の持出しを行った場合（その金額が200万円以下のものを除く）におけるその金額及び使途並びにその予定日を記載した書類（P.80　5号基準のヘ②）	

※　寄附者名簿、認定等の申請書は閲覧の対象になりません。

　このほか、認定NPO法人等は、代表者の氏名に変更があったときは、遅滞なくその旨を所轄庁に届け出ることになっています（法第53条）。

09 認定の更新　（P.186第2部63〜64を参照）

　認定NPO法人は、認定有効期間の更新（延長）をするためには、認定有効期間の満了の日の6か月前から3か月前までの間（以下「更新申請期間」という）に所轄庁に更新の申請をしなければなりません。
　更新された場合の有効期間は、従前の認定有効期間の満了の日の翌日から起算して5年です（法第51条①②③）。

　認定の有効期間の更新の申請があった場合において、認定期間の満了の日までに更新の申請についての認定または不認定の処分がされないときは、有効期間満了後であっても、処分があるまで認定の効力は継続します（法第51条④）。

　認定NPO法人は、認定有効期間が途切れないように常に気をつける必要があります。認定の失効や取消しなどで認定有効期間が切れると、税金の優遇措置が受けられるつもりで寄附をしてくださった寄附者の方に思わぬ迷惑をかけることにもなりかねません。
　認定NPO法人になったら、毎事業年度、認定基準を満たしているかチェックし、更新申請期間内に更新の申請ができるよう準備を整えておく必要があります。

　仮認定を受けられるのは1回のみです。更新はありません。

（3月決算法人の場合）

初回の実績判定期間　2回目の実績判定期間

3/31　3/31　3/31　3/31　3/31　3/31　3/31　3/31　3/31

初回申請日

初回の認定期間（5年）

2回目申請日

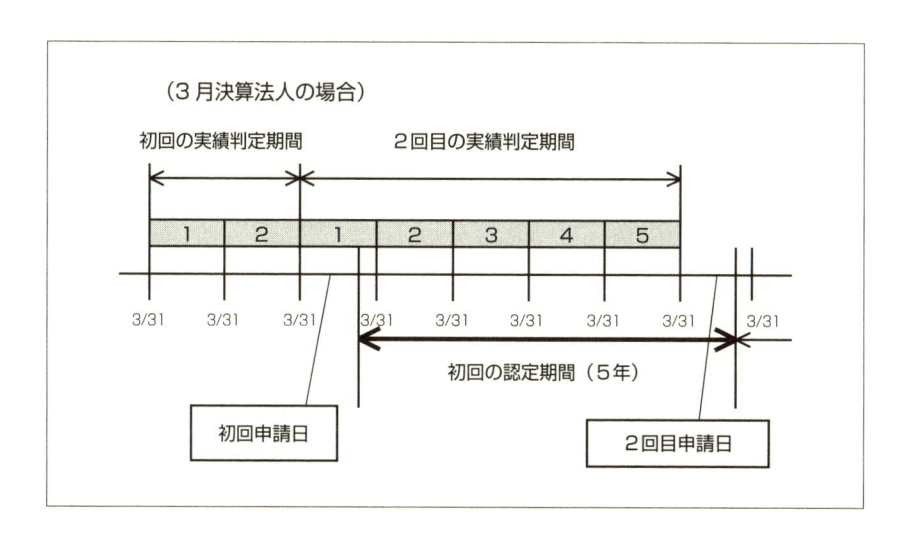

※1　実績判定期間とは？

　認定基準の判定の対象となる期間です。
　認定（仮認定、認定の更新）の申請日の「直前に終了した事業年度の末日以前5年（初回の認定申請、仮認定の場合は2年）内に終了した各事業年度のうち最も早い事業年度の初日からその末日までの期間」のことで、事業年度を変更していなければ直前の5事業年度（または2事業年度）を指します。
　初めて認定や仮認定の申請をする場合には、最低2事業年度が終了している必要があります。ただし、新設法人で設立第1期が12か月に満たない場合も、1事業年度とします。

10 認定等の失効と取消し

【認定等の失効】

　認定NPO法人等は、次のいずれかに掲げる事由が生じたときは認定の効力を失います。認定が効力を失ったときは、所轄庁はインターネット等により、その旨を公示します（法第57条）。

① 認定の有効期間が終了したとき（認定の更新申請の拒否処分がされたとき）
② 認定NPO法人が認定NPO法人でないNPO法人と合併した場合に、その合併が所轄庁の認定を受けずに効力を発生したとき
③ 認定NPO法人が解散したとき

仮認定の失効の事由は、下記のとおりです（法第61条）。

① 仮認定の有効期間が終了したとき
② 仮認定NPO法人が仮認定NPO法人でないNPO法人と合併した場合に、その合併が所轄庁の認定を受けずに効力を発生したとき
③ 仮認定NPO法人が解散したとき
④ 認定NPO法人になったとき

【認定等の取消し】

　所轄庁は認定NPO法人が次のいずれかに該当するときは、認定を取消さなければならない、とされています。以下、この規定は仮認定NPO法人についても同じく適用されます（法第67条）。

①欠格事由のいずれかに該当するとき
　②偽りその他不正の手段により認定、仮認定、認定の更新並びに合併による地位の承継の認定を受けたとき
　③正当な理由がなく、所轄庁からの命令に従わないとき
　④認定NPO法人から認定の取消しの申請があったとき

　また、所轄庁は認定NPO法人が次のいずれかに該当するときは、認定を取消すことができる、とされています。
　①認定基準の3号、4号①②、7号に適合しなくなったとき
　②事業報告書等の所轄庁への提出がなく、書類を閲覧させないとき
　③その他、法令又は行政庁の処分に違反したとき

11 認定NPO法人のメリットとデメリット

　多くの方から「認定NPO法人になると何か良いことはありますか？ 反対に良くないことはありますか？」という質問をたびたび受けることがあります。

　確かに認定NPO法人制度は、税金の優遇措置によって寄附金を集めやすくするための制度ですが、認定されれば何もしなくても寄附が集まるというわけではありません。なるべく多くの人に法人の活動を知ってもらう、法人のミッション（目的）に賛同してもらう、という努力が必要です。もう一つ重要なのが、集まった寄附金をどのように使ったのか、という情報を寄附者に報告するということです。このような一連の作業を地道に行ってはじめて、寄附を集めることができるのです。

　認定されて寄附が増えたという以外にも、厳しい審査を経て認定されるため法人の信頼度が増したという声もよく聞きます。

　また、「認定の申請書類を作成する過程で、自分たちの法人の運営が適正なのか、会計は明瞭かつ正確に行われているかを一つ一つチェックしていくことで、自分たちがどんなNPO法人なのかを知ることができた」と話す認定NPO法人の事務局長さんもいます。

　デメリット（欠点）については、個々の法人によっても異なりますが、ここでは現状と比べて法人の負担が増加する点を、デメリットとしてあげてみました。

メリット
法人への寄附が増えた
法人税の負担が減った（みなし寄附金制度）
法人への信頼度が増した
認定申請で、自分たちの法人がどんな法人かを考えるきっかけになった
法人内部でしっかりとした法人運営に対する意識が高まった
デメリット
認定の申請書類等の作成が大変だった
所轄庁による認定審査への対応が大変だった
認定後、閲覧書類が増え事務作業量が増加した
寄附金の管理事務が増えた（寄附金台帳の作成、領収書の発行など）
認定の更新のため、認定基準を意識した運営が必要になった

　適正な法人運営や会計処理は、日々の努力の積み重ねです。仮に、現在皆さんの法人には会計がわかる担当者がおらず、帳簿の作成や書類の保存が満足にできていない、という状況だとすると、その状況を改善できるのか、さらに多くの事務量を負担する能力はあるのか、といった検討も必要でしょう。もちろん、認定NPO法人になって財政的にゆとりができれば、会計担当者を雇用することも可能になるかもしれません。

認定NPO法人の優遇措置

第 **2** 章

12 認定NPO法人の4つの税制上の優遇措置

　認定NPO法人は次の4つの優遇措置が受けられます。ただし、仮認定NPO法人については、1と2のみとなっています。

	優遇措置の種類	対象となる税金の種類
1	個人が寄附をした場合	所得税、住民税
2	法人が寄附をした場合	法人税
3	相続人が寄附をした場合	相続税
4	認定NPO法人自身が法人税の申告をしている場合	法人税等

13 個人が認定NPO法人等へ寄附をした場合・所得税

　個人が、認定NPO法人等の行う特定非営利活動事業のために寄附をした場合には、その人が納める所得税の額を減額することができます。そのためには、寄附をした人は認定NPO法人等が発行した寄附金の領収書を添付して、税務署に確定申告をする必要があります

　確定申告の方法には次の2つの方法があり、どちらか有利な方法を選択することができます。

① 所得控除方式

　（寄附金の額※1 − 2,000円）を所得金額から控除

　　※1　総所得金額等の40%が限度

② 税額控除方式

　（寄附金の額※1 − 2,000円）×40%　を所得税額から控除※2

　　※1　総所得金額等の40%が限度、※2 所得税額の25%が限度

≪具体的な計算例≫
Aさんの年間の給与収入は240万円、社会保険料は332,000円。扶養家族はいません。認定NPO法人への寄附金は20,000円。

①所得控除方式を選択した場合の控除額は、18,000円です。

　　20,000円－2,000円＝18,000円

　　1,500,000円×40％＝60万円　　60万円＞20,000円

これを他の所得控除と一緒に総所得金額から差し引きます。
Aさんの所得税の税率は5％なので、18,000円の5％である900円が寄附をしなかった場合に比べて軽減されることになります。

②税額控除方式を選択した場合の控除額は、7,200円です。

　　（20,000円－2,000円）×40％＝7,200円

　　1,500,000円×40％＝60万円　　60万円＞20,000円

　　39,400円×25％＝9,850円　　9,850円＞7,200円

これを所得税額39,400円から控除した金額32,200円がAさんの納付税額になります。

　結論として、Aさんの場合は②の税額控除方式で確定申告したほうが有利ということになります。
　給与所得のみの人は、会社の年末調整で一旦税金の計算が完了しているので、確定申告をすることで税金の計算をやり直し、納めすぎた税金の分は還付されることになります。

	寄附金なし	所得控除方式	税額控除方式
総所得金額　（イ）	1,500,000円（給与所得控除後の金額）		
社会保険料控除	▲332,000円		
寄附金控除	0円	▲18,000円	0円
基礎控除	▲380,000円		
所得控除額の合計（ロ）	▲712,000円	▲730,000円	▲712,000円
課税所得金額（イ）－（ロ）	788,000円	770,000円	788,000円
所得税額	39,400円	38,500円	39,400円
税額控除額	0円	0円	▲7,200円
納付税額	39,400円	38,500円	32,200円
軽減額	0円	▲900円	▲7,200円

※　給与所得控除額は、給与の金額に応じて給与収入金額から控除される金額のこと。給与収入240万円に対する給与所得控除額は90万円なので、給与所得金額は150万円となります。
※　基礎控除とは、全ての人が控除することができる金額。
※　課税所得金額が195万円以下までの場合の税率は5％です（H24年4月現在）。

14 個人が認定NPO法人等へ寄附をした場合・住民税

　住民税は所得税とは違い、各都道府県や市町村ごとに、認定NPO法人等に対する寄附金の取扱いが異なります。それは、寄附金控除の対象となる団体を、各都道府県や市町村が条例により個別に定めているためです。
　自分の住んでいる都道府県や市町村が、条例でどのように定めているのか一度調べてみると良いでしょう。

　認定NPO法人等への寄附について、住民税の優遇措置の適用を受けるためには、所得税の確定申告をすれば良いことになっています（税務署へ申告をした後、市町村役場へ行って住民税の申告をする必要はありません）。
　住民税の寄附金控除の計算方法は税額控除方式のみです。
（所得税を所得控除方式で申告しても、住民税では税額控除方式で計算されます。）

　（寄附金の額－2,000円）×4％または6％または10％
　を住民税額から控除　　（ただし、総所得金額等の30％が限度）

　住民税は、都道府県民税と市町村民税（東京都は特別区民税）の二つから成り立っています。都道府県民税の税率は4％、市町村民税は6％、合わせて10％です。つまり、都道府県が条例で指定していれば4％、市町村が指定していれば6％、両方が指定していれば10％になります。また、都道府県、市町村どちらも指定していなければ、控除は受けられません。

個人の住民税

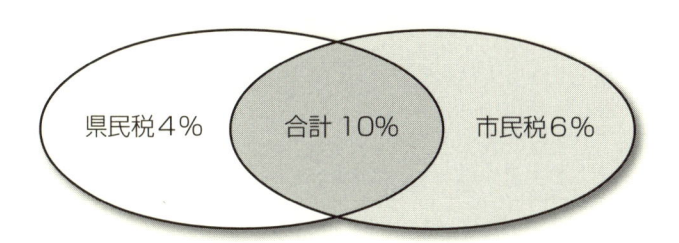

県民税4％　合計10％　市民税6％

住民税の寄附金控除に係る条例について

都道府県や市町村の条例には2種類の指定方法があります。
1．包括指定
　　認定NPO法人等への寄附を、主たる事務所等の所在地がある都道府県や市区町村が条例で指定する場合。
　【例】〇〇県民税の寄附金控除対象団体は、〇〇県内に主たる事務所がある認定NPO法人とする。
2．個別指定（PSTの条例個別指定法人）
　　特定のNPO法人に対する寄附を、都道府県や市区町村が条例で指定する場合（認定NPO法人でなくても可）。
　【例】〇〇県民税の寄附金控除対象団体として、NPO法人△△を指定する。

> ≪具体的な計算例≫
> 前述のAさんは〇〇県〇〇市に住んでいます。Aさんが寄附をした認定NPO法人は〇〇県〇〇市に主たる事務所を置き、活動している法人です。
> この認定NPO法人は、〇〇県と〇〇市の両方から条例指定を受けている法人です。

都道府県の指定・・・（20,000円－2,000円）×4％＝720円
市区町村の指定・・・（20,000円－2,000円）×6％＝1,080円
150万円×30％＝45万円　　45万円＞20,000円

　Aさんは、県民税で720円、市民税で1,080円合わせて住民税の額が1,800円減額されることになります。この分は、寄附をした年の翌年の6月以降、Aさんの給与から差引かれる住民税の額から控除されます。

　ここに、〇〇県△△市に住んでいるBさん、××県××市に住んでいるCさんがいます。BさんもCさんも、Aさんと同じ認定NPO法人に寄附をしましたが、この認定NPO法人は、△△市、××県、××市からは指定を受けていません。
　Bさんは、県民税は寄附金控除を受けられますが、市民税については受けられません。Cさんは、県民税、市民税とも控除を受けられません。
　一見不公平のようですが、住民税は地方自治体の費用を住民が分担し合うという考えに基づいているため、自治体ごとにこのような違いがでてきます。

	都道府県指定	市区町村指定	両方が指定
総所得金額　(イ)	1,500,000円（給与所得控除後の金額）		
社会保険料控除	▲332,000円		
基礎控除	▲330,000円		
所得控除額の合計　(ロ)	▲662,000円		
課税所得金額 (イ)－(ロ)	838,000円		
住民税額	33,520円	50,280円	83,800円
税額控除額	▲720円	▲1,080円	▲1,800円
納付税額※	32,800円	49,200円	82,000円
軽減額	▲720円	▲1,080円	▲1,800円

※　この他に均等割額があります。

　Aさんは20,000円の寄附金で9,000円の税金（所得税・住民税の合計）が減額されたことになります。

15 法人が認定NPO法人等へ寄附をした場合

　法人が、認定NPO法人等の行う特定非営利活動事業のために寄附をした場合にも優遇措置を受けられます。

　法人税の計算は、法人の決算に基づいた当期の損益金額に、別途、法人税法で定められた一定の項目を加算、減算し、税金の計算を行います。加算する項目があれば税金は増えますし、減算する項目があれば税金は減ります。
　また、法人税では会計上の収益を益金、費用を損金といいます。

　加算する項目の一つに、寄附金の損金不算入額があります。寄附金は法人税法で損金にできる限度額が決まっているため、それを超える金額がある場合は加算することになります。

❖寄附金の損金不算入額の計算方法

　国や地方公共団体等への寄附金は全額、損金になります。

　一般のNPO法人や、会社などへの寄附金は、次の算式で計算した寄附金の損金算入限度額を超える金額は損金になりません。

$$（期末資本金等の額×0.25\%＋法人の所得金額×2.5\%）×1／4$$

　認定NPO法人等への寄附は、次の算式で計算した金額が限度額になります。限度額を超えた場合は、さらに上の式の限度額も使えるので、認定NPO法人等への寄附は、一般の寄附に比べ損金になる金額が多くなります。

$$（期末資本金等の額×0.375\%＋法人の所得金額×6.25\%）×1／2$$

　このように、法人の場合は個人のように、いくら寄附をしたら法人税が安くなります、という計算がしにくく、税金の軽減のメリットを寄附者に説明するのは難しい部分があります。

16 相続人等が認定NPO法人へ財産を寄附した場合

　相続または遺贈（※1）により財産を取得した人が、その取得した財産を相続税の申告期限（※2）までに、認定NPO法人の行う特定非営利活動事業のために寄附をした場合には、その寄附をした人や親族等の相続税等の負担が不当に減少する結果となる場合を除いて、その寄附をした財産は非課税財産として相続税の計算に含めなくてもよい、ということになっています。

　このため、認定NPO法人になると多額の現金の贈与や、土地や建物の贈与を受ける例が少なくありません。

　ただし、寄附を受けた認定NPO法人が、寄附のあった日から2年を経過した日までに、認定NPO法人に該当しないこととなった場合、寄附を受けた財産を特定非営利活動事業のために使っていない場合には、適用がなくなり相続税が課税されます。

　寄附を受けた日から2年以内に、認定の失効や取消しがあると、寄附をしてくださった方に思わぬ迷惑をかけることになりかねませんので注意が必要です。

　相続税の計算は、まず被相続人の課税遺産の総額に対する相続税の総額を一度計算し、各相続人が実際に納付する税額は、各相続人の実際の遺産の取得価額に応じて按分します。

　相続税は累進課税（税率は10％から50％まで）なので、認定NPO法人へ寄附をすることで、課税遺産の総額が減少すると、その分税率が下がり相続税の軽減額も大きくなります。

反対に、寄附をした日から2年以内に認定NPO法人の認定が失効してこの優遇措置の適用が受けられなくなると、相続税の総額が増加し差額の相続税を支払うことになります。相続人が複数いる場合には、すべての相続人が修正申告をして追加で納税することになります。

　なお、仮認定NPO法人はこの規定の適用は受けられません。

※1　被相続人（亡くなった人）の財産を、相続人が取得することを相続といい、遺言書により相続人ではない人や法人等が財産を取得することを遺贈といいます。
※2　相続税の申告期限は、被相続人の亡くなった日の翌日から10か月以内です。

17 認定NPO法人のみなし寄附金制度

　この規定は、前述の３つの優遇措置とは異なり、認定NPO法人自身のメリットとなる制度です。

　NPO法人は、**法人税法上の34業種（限定列挙）の収益事業**を行っている場合には、その収益事業の部分について法人税の申告をする必要があります（これは法人税法の規定で、NPO法の特定非営利活動に係る事業と、その他の事業（※１）の区分とは異なります）。

　このとき認定NPO法人が、税法上の収益事業から、それ以外の非収益事業のために支出した金額（ただし、特定非営利活動に係る事業に該当するものに限る）は、収益事業からの寄附金とみなして（みなし寄附金）法人税の計算をすることができる、という制度です。

　具体的には法人税の申告をする際に、収益事業の所得金額の50%か200万円のいずれか多い方の金額（国税庁認定のNPO法人は、所得金額の20%）を所得金額から控除して法人税額を計算します（法附則第9条）。

　認定NPO法人の寄附金の損金算入限度額は、次の算式で計算します。
　なお、一般のNPO法人、仮認定NPO法人にはみなし寄附金は認められていません。

法人の所得金額×50%（この金額が200万円より少ない場合は200万円）

　これは、法人税の他法人住民税、法人事業税にも適用があるため、法人税の申告をしているNPO法人にとって、特に大きなメリットと言えます。

ただし、認定が取り消された場合は、その取消しの原因となった事実が発生した日の属する事業年度までさかのぼり課税されますので注意が必要です（取り戻し課税）。このとき適用を受けた各事業年度ごとに修正申告を行うのではなく、認定の取消しがあった日を含む事業年度の法人税申告の際に、その事実が発生した事業年度から取消し直前の事業年度までの、みなし寄附金の合計額を合わせて申告することになります（法附則第10条）。

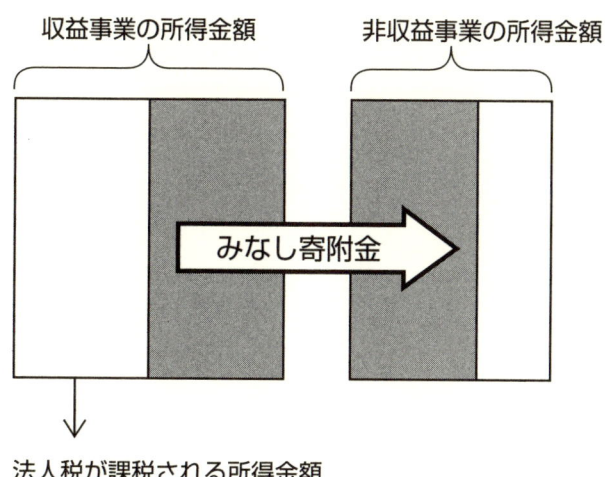

```
        収益事業の所得金額              非収益事業の所得金額
    ┌──────────┐          ┌──────────┐
    │     │          │          │          │     │
    │     │   ──→ みなし寄附金 ──→     │          │
    │     │          │          │          │     │
    └──────────┘          └──────────┘
       ↓
  法人税が課税される所得金額
```

同一法人の中で資金が移動するだけで、外部に流出しません。

※1　NPO法の制定当初は、現在の「その他の事業」が「収益事業」とされており、定款の記載がそのままになっている可能性があります。

認定NPO法人の認定基準

第 **3** 章

18 認定NPO法人等の認定基準チェックリスト

認定NPO法人の8つの基準

①パブリックサポートテスト(PST)
②共益性の判定
③運営組織及び経理に関する基準
④事業活動に関する基準
⑤情報公開に関する基準
⑥事業報告書等に関する基準
⑦不正行為等に関する基準
⑧設立後の経過期間に関する基準

	認定基準	チェック項目	チェック欄
1号	パブリックサポートテスト(PST) (仮認定の場合は除く) (①②は【実績判定期間】、③は申請日の前日で判定)	①経常収入金額のうち寄附金等収入金額の割合が20%以上である ②年3,000円以上の寄附者の数が年平均100人以上である ③都道府県又は市町村から条例による個別指定を受けている	(①②③のいずれかで可) はい　いいえ

2号	共益性の判定 (【実績判定期間】で判定)	共益的な活動、特定の人物や著作物に関する活動、特定の者の意に反した活動の占める割合が事業活動の50％未満である	はい いいえ
3号	運営組織について(※)	①役員総数のうち、役員と親族関係を有する者等の人数の占める割合が1/3以下である	はい いいえ
		②役員総数のうち、特定の法人の役員、使用人並びにこれらの者と親族関係を有する者等の数の占める割合が1/3以下である	はい いいえ
		③各社員の表決権が平等である	はい いいえ
	経理について（※）	④公認会計士等の監査を受けているか、または青色申告法人と同等の帳簿を記録保存している	はい いいえ
		⑤不適正な経理を行っていない	はい いいえ
4号	事業活動について (③④は【実績判定期間】で判定、①②は(※))	①宗教活動、政治活動等を行っていない	はい いいえ
		②役員、社員、寄附者等に対して特別の利益を与えていない及び営利を目的とした事業を行う者等に寄附を与えていない	はい いいえ
		③総事業費のうち特定非営利活動に係る事業費の占める割合が80％以上である	はい いいえ
		④受入寄附金総額のうち特定非営利活動に係る事業費に充てた額が70％以上である	はい いいえ

5号	情報公開について（※）	次の書類を事務所において閲覧させることができる ①事業報告書等や役員名簿、定款 ②認定基準に該当する旨及び欠格事由に該当しない旨を説明する書類並びに寄附金を充当する事業の内容を記載した書類 ③役員報酬等の規程及び収益の明細その他の資金の明細、資産の譲渡等に関する事項、寄附金に関する事項その他一定の事項等を記載した書類 ④助成の実績並びに海外送金等の金額並びに使途等を記載した書類	はい　いいえ
6号	所轄庁への提出書類について（※）	各事業年度において事業報告書、計算書類及び財産目録、役員名簿、10人以上の社員の名簿を所轄庁に提出している	はい　いいえ
7号	不正行為等について（※）	法令違反、不正行為、公益に反する事実がない	はい　いいえ
8号	設立後の経過期間について	設立の日以後1年超経過している	はい　いいえ
※	欠格事由について	欠格事由のいずれにも該当しない	はい　いいえ

※　3、4①②、5、6、7の基準は、実績判定期間内の各事業年度だけでなく、認定時または仮認定時まで継続して満たしている必要があります（実績判定期間中に認定または仮認定を受けていない期間がある場合には、その期間については5②は除く）。

認定または仮認定を受けた後に、3、4①②、7の基準に適合しなくなった場合には、認定が取り消される場合があるので注意が必要です。
　実績判定期間の説明はP.35を参照してください。

【ポイント】
　上記の認定基準のうち、1①、2、4③④は計算が必要です。申請の際チェック表には計算結果のみを記入しますが、その計算の根拠となったデータや計算の過程は保管し、後日、説明できるようにしておきます。

19 《1号基準》パブリックサポートテスト（PST）

（P.100、134、156を参照）

8つの認定基準の1番目がパブリックサポートテスト（Public Support Test　通称PST）です。直訳すると、「広く市民から支持されているかを判断するテスト」で、NPO法人の公益性を判定する基準です。

PSTには3つの基準が設けられています。3つのうちどれか1つの基準をクリアしていればよいことになっています。

	パブリックサポートテストの種類	
1	相対値基準	原則用
		小規模法人用
2	絶対値基準	
3	条例個別指定基準	

1、2の基準は、NPO法人の公益性を活動内容ではなく、恣意的判断の余地がない数値によって判定する基準です。

相対値基準は「**実績判定期間における経常収入金額のうちに寄附金等の収入金額の占める割合が20%以上であること**」です。相対値基準は比率で判定するため、法人の規模に関係なく意外に小規模な法人でもクリアできるケースがあります。相対値基準には、「原則用と小規模法人用」、さらにそれぞれ「国の補助金等の特例あり、特例なし」と、計4通りの計算方法があります。どの方法を選ぶかは法人の選択に任されています。

介護保険事業収益など総収入が数千万円規模という法人にとって、その20%の寄附金を集めるのは至難の業です。このような法人のために、平成23年6月のNPO法改正で新たに絶対値基準が作られました。絶対値基準は**「実績判定期間内の各事業年度中の寄附金の額の総額が3,000円以上である寄附者の数の合計額が年平均100人以上であること」**です。こちらも法人の規模にかかわらず、寄附者の人数が一定の人数以上かどうか、によって公益性を判断するものです。
　相対値基準は多くのNPO法人にとって高いハードルとなっていましたが、絶対値基準ができたことで、新たな道を選択できるようになりました。

　前の2つの基準とまったく異なるのが、条例個別指定基準です。この基準も、平成23年6月のNPO法改正で新たに作られました。
　条例個別指定基準は**「認定NPO法人の申請書を提出した日の前日において、都道府県または市区町村の条例により、個人住民税の寄附金控除の対象となる法人として個別に指定を受けている法人」**です。
　NPO法人の活動内容が、法人の事務所が所在する都道府県や市区町村内の地域住民の生活に寄与しているもの、行政の施策に沿ったものである、など一定の要件を満たした場合には、条例でそのNPO法人への寄附金を住民税の寄附金控除の対象とすることができるようになりました。
　この指定を受けた法人は、PSTをクリアしたものとするというのが条例個別指定基準です。

【相対値基準　（原則用）（小規模法人用）】（P.128第2部第2章42参照）

相対値基準は次の算式で計算します。

$$\frac{\text{受入寄附金総額} - \text{基準限度超過額の合計金額} + \text{社員の会費のうち一定の金額}}{\text{実績判定期間の総収入金額} - \text{国等から支払われる委託事業収入} - \text{国等が負担する一定の事業収入} - \text{資産の臨時売却収入} - \text{遺贈による寄附金の基準限度超過額}} \geq 20\%$$

[分母]

実績判定期間の総収入金額から、次のものを控除します。

① 国や地方公共団体との契約に基づく委託事業収入
② 法律等の規定に基づく事業で、国や地方公共団体が負担する金額
③ 資産を売却したことによる臨時収入
④ 遺贈による寄附金の基準限度超過額
⑤ 一人あたり1,000円未満の寄附金（少額寄附金）と、寄附者の氏名が明らかでない寄附金（匿名寄附金）

①②は、国や地方公共団体からの事業収入がある＝公益性がある、という理由によるものです。

③④を控除するのは単年度のみの臨時的な収入を除外するためのものなので、販売用商品等の売却収入は分母から控除しません。

⑤分子から控除するため。

≪ 参 考 ≫

　NPO法の改正で、NPO法人の作成すべき計算書類は、収支計算書から活動計算書になりましたが（法第27条）、認定基準には収支計算書の用語が残りました。認定の審査は法人が提出した収支計算書や活動計算書に基づいて行われ、書類の違いにより認定の基準が変わることはない（※内閣府の手引きQ&A（問49））とされています。申請書類の作成の際には下記の対比表を参考にしてください。

勘定科目対比表「認定基準等チェック表　第1表　相対値基準」

チェック表の語句	活動計算書の科目	収支計算書の科目
総収入金額	経常収益計と経常外収益計の合計額	収支計算書の収入の部の合計額（借入金収入、引当金戻入収入等の内部損益収入は除く）
補助金、委託収入	受取補助金、事業収益	補助金収入、委託収入
資産の売却収入	固定資産（有価証券）売却益	固定資産（有価証券）売却収入
受入寄附金総額	受取寄付金、受取助成金、（賛助会員受取会費）	寄附金収入、助成金収入、（賛助会員収入）
会費収入	正会員受取会費	正会員会費収入

[分子]

受入寄附金総額には、下記のものが含まれます。

活動計算書の科目	注意事項
受取寄付金	対価性があるものを除く。（※1） 任意性（※2）があること。 現物寄附を含む。（資産受贈益） 実績判定期間内において入金があったもの。 少額寄附金と匿名寄附金は除く。 国からの補助金等（※3）は除く。 設立後、任意団体から引継いだ財産を含む。（※4）
受取助成金 受取補助金	対価性があるものを除く。 国からの補助金等は除く。
賛助会員受取会費	対価性（議決権を含む）があるものを除く。 （会費規程などで寄附に該当する旨を明らかにしている場合に限る） 正会員受取会費を「1口〇〇円、ただし1口以上何口でも可」としている場合で、口数に関係なく表決権が平等、かつ、対価性がない場合には、2口目以上の会費分は寄附金とすることができます。（寄附金として経理処理をし、寄附金の領収書を発行している場合に限る）

※1 対価性があるとは、寄附金の受入れと引き換えに、物の引渡しや貸付け、サービスの提供を伴うことをいいます。このような場合は受取寄附金や助成金、補助金という科目でも、実質は事業収益に該当すると考えられます。ただし、対価が礼状や無料の会報などの場合や、社会通念上これらと同程度の物やサービスの提供等については寄附とされます。

※2 任意性があるとは、寄附者に寄附をするかしないか、いくら寄附をするか、についての決定権があることをいいます。

※3 国からの補助金等とは、国等（国、地方公共団体、独立行政法人、地方独立行政法人、国立大学法人、大学共同利用機関法人、及び、日本が加盟している国際機関をいいます）からの補助金その他国等が反対給付を受けないで交付する

ものをいいます。
　　国からの補助金等がある場合、分母と分子の両方に含めない、分母に補助金等の全額、分子に補助金等のうち一定の金額を含める（受入寄附金総額－基準限度超過額が限度）か、どちらか有利な方を選択して計算することができます。
※４　任意団体として活動してNPO法人を設立した場合に、設立後、任意団体から引継いだ財産（資産から負債を控除したもの）は、任意団体からNPO法人への寄附金として扱います。

基準限度超過額は、次の算式で計算します。

同一人からの寄附金額－（受入寄附金総額×10％）

　この計算は寄附者ごとに行います。ただし、役員の親族からの寄附金は合算してその役員１人からの寄附として基準限度超過額の判定をします（認定NPO法人や特定公益増進法人（※１）からの寄附の場合は50％）。

　（例１）分母の合計が100万円で、分子は会員Ａさんからの寄附金25万円のみの場合
　基準限度超過額は、250,000円－（250,000円×10％）＝　225,000円
　したがって、分子の寄附金額は25,000円、PSTは2.5％で20％以上になりません。

　（例２）分母の合計が100万円で、分子は１万円×25名分で計25万円の寄附金の場合
　基準限度超過額は、10,000円　＜　（250,000円×10％）なので０円
　分子の寄附金額は250,000円で、PSTは25％　≧　20％　です。
　PSTはどれだけ広く支持されているかを判定するため、基準限度超過額により一者から多額の寄附を受けた場合の影響を排除しています。

分子に加算できる正会員の会費

　実績判定期間において、次の2つの要件を満たす場合には、正会員からの受取会費のうち、共益的活動に係る部分以外の金額を分子に算入することができます（ただし、受入寄附金総額－基準限度超過額が限度です）。
①社員の会費（正会員の会費）の額が合理的な基準により定められている
②社員（役員等を除く）の数が20人以上である

小規模法人用の場合

小規模法人用は

> 実績判定期間の総収入÷実績判定期間の月数×12

が800万円未満、かつ、
3,000円以上の寄附をした人（役員、社員を除く）が50人以上の法人にのみ適用があります。

　小規模法人用の場合、少額寄附金と匿名寄附金は分母、分子の両方に含めて計算をすることができます。また、基準限度超過額の計算において、役員の親族からの寄附金を合算する必要はありません。

※1　特定公益増進法人とは、公共法人、公益法人等（一般社団法人及び一般財団法人を除く）その他特別の法律により設立された法人のうち、教育又は科学の振興、文化の向上、社会福祉への貢献その他公益の増進に著しく寄与するものとして、法人税法施行令第77条に規定する法人です。

【絶対値基準】

絶対値基準は次の算式で計算します。

$$\frac{\text{実績判定期間内の各事業年度中の寄附金の額の総額が3,000円以上の寄附者の合計人数} \times 12}{\text{実績判定期間内の月数}} \geqq 100\text{人}$$

　実績判定期間内の各事業年度を合算し、寄附金の総額が3,000円以上の寄附者が100人以上いるかどうかを判定します。
　ただし、チェック表に記載するために実績判定期間内の各事業年度ごとに寄附金の総額が3,000円以上の寄附者が100人以上いるかどうかを集計する必要があります。

【寄附者の数】
　寄附者の氏名（または法人名）とその住所が明らかな者のみを数えます。
　寄附者本人と生計を一にする者を含めて1人として数えます。
　寄附者が、そのNPO法人の役員及び役員と生計を一にする者である場合には、これらの者は、寄附者の数には含めません。

≪初回申請時の計算例≫

1．1期目、2期目とも100人以上の場合

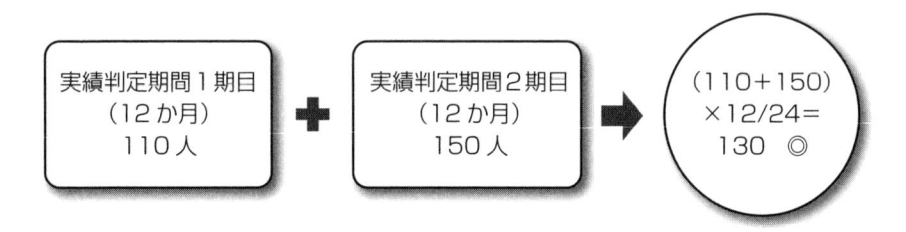

実績判定期間1期目
（12か月）
110人
＋
実績判定期間2期目
（12か月）
150人
→
（110＋150）
×12/24＝
130　◎

2．1期目100人未満、2期目100人以上の場合

実績判定期間1期目
（12か月）
80人
＋
実績判定期間2期目
（12か月）
160人
→
（80＋160）
×12/24＝
120　◎

3．1期目が設立1期目の場合

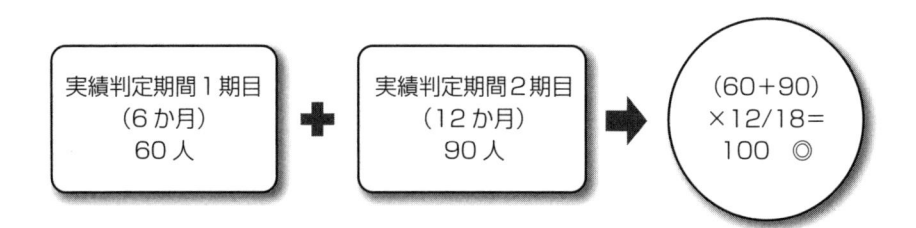

実績判定期間1期目
（6か月）
60人
＋
実績判定期間2期目
（12か月）
90人
→
（60＋90）
×12/18＝
100　◎

同一人物が年度をまたいで数回に分けて寄附している場合、寄附者数はどのように計算するのでしょうか？

　寄附金の額が3,000円以上かどうかは、実績判定期間内の各事業年度ごとの合計額で判定することとなります。
　したがって、例えば、3月決算（実績判定期間が平成23年3月期、24年3月期の2事業年度とします）の法人が、寄附者Aさんから以下のように5回に分けて合計10,000円の寄附を受けた場合、平成23年3月期は合計8,000円の寄附金となりますので、寄附者数に含めますが、平成24年3月期は合計2,000円の寄附金となりますので、寄附者数に含めないこととなります。

＜寄附者Aさんからの寄附内訳＞

事業年度	寄附年月	寄附金額	備考
平成23年3月期	平成22年5月	2,000円	合計8,000円≧3,000円 →1人としてカウント
	平成22年8月	2,000円	
	平成22年10月	2,000円	
	平成23年2月	2,000円	
平成24年3月期	平成23年5月	2,000円	合計2,000円＜3,000円→1人としてカウントしない

（内閣府の手引きQ&A問39）

20 《2号基準》共益性の判定
（P.102、158を参照）

　共益性の判定とは、NPO法人の公益性をPSTとは違う側面から判定する基準です。

　会員、役員など特定の者だけが便益を受ける活動を「共益的活動」といいます。認定NPO法人等はこれらの活動が実績判定期間の事業活動の50％未満でなければならない、とされています。つまり共益的活動が多いほど、公益性が低いという判定になるわけです。

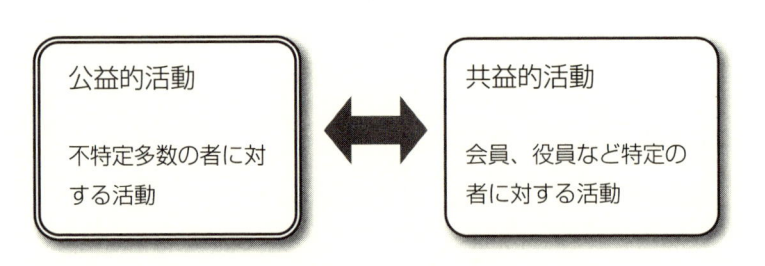

```
┌─────────────────┐        ┌─────────────────┐
│  公益的活動     │        │  共益的活動     │
│                 │  ⇔    │                 │
│  不特定多数の者 │        │  会員、役員など │
│  に対する活動   │        │  特定の者に対す │
│                 │        │  る活動         │
└─────────────────┘        └─────────────────┘
```

① 会員等（※1）のみを対象とした物品の販売または貸付、サービスの提供（対価を得ないものを除く※2）
② 会員等のみを対象としたイベント、会議、会報の発行など
③ 会員等、特定の団体など、特定のグループにのみ便益が及ぶ活動
④ 特定の著作物や特定の者に関する普及啓発、広告宣伝などの活動
⑤ 特定の者の意に反した作為、不作為を求める活動（※3）
⑥ 特定の地域に居住する者にのみ便益が及ぶ活動

（ただし、条例個別指定NPO法人は①から⑤で判定します）

共益性の判定は次の算式で計算します。

$$\frac{\text{共益的活動に係る事業費の合計}}{\text{管理費を除く総事業費の合計}} < 50\%$$

判定は、事業費以外の他の合理的な指標を用いても良いとされています。

※1 会員等とは、次に掲げる者をいいます。
　①会員
　②NPO法人から継続、反復して資産の譲渡等を受ける者、または相互交流、連絡、意見交換に参加する者として、NPO法人の帳簿書類等に氏名や名称が記載された者で、NPO法人から継続、反復して資産の譲渡等を受ける者、または相互交流、連絡、意見交換に参加する者
　③NPO法人の役員
※2 対価を得ないものには、資産の譲渡等の場合は通常の対価の10％相当額以下のもの、実費程度の交通費、消耗品費等、役務の提供の場合は最低賃金法による最低賃金相当額以下のものを含みます。
※3 特定の者の意に反する活動とは、何かの反対運動のために直接抗議活動を行う（作為）、または不買運動（不作為）を行うことなどが考えられます。

21 《3号基準》 運営組織及び経理に関する基準
（P.104を参照）

　NPO法人の運営組織が適正であるか、また、経理が適正に行われているかどうかを判定する基準です。実績判定期間から認定時まで、継続して次の5つの基準を満たしている必要があります。

①役員総数のうち、役員と親族関係を有する者（※1）並びに役員と特殊の関係のある者（※2）の数の占める割合が1/3以下である
②役員総数のうち、特定の法人（※3）の役員・使用人並びにこれらの者と親族関係を有する者並びにこれらの者と特殊の関係のある者の数の占める割合が1/3以下である
③各社員の表決権が平等である
④公認会計士もしくは監査法人の監査を受けているか、または青色申告法人に準じて帳簿書類の備付け、取引の記録、保存をしている
⑤不適正な経理を行っていない

※1　親族関係を有する者とは、配偶者及び3親等以内の親族のことをいいます。
※2　特殊の関係とは、事実上婚姻関係と同様の関係、使用人、使用人以外の者で役員から受ける金銭等により生計を維持している関係、これらの関係にある者と親族関係を有する者で生計を一にしている関係をいいます。
※3　特定の法人には、その法人の発行済株式等の総数の50％以上の株式の数を直接または間接に保有する関係にある法人を含みます。

　NPO法人は、特定の個人または法人その他の団体の利益を目的として、事業を行ってはならないことになっています（法第3条）。
　①②③は、特定の法人や親族グループによってNPO法人の運営が支配

されていないかを判断する基準です。

①②の基準を満たせない場合には、該当する役員に辞任してもらうか、役員総数を増やす必要があり、認定基準を満たすまでに時間を要しますので注意してください。

④については、青色申告法人と同様の帳簿書類の備付け等ができていれば、必ずしも公認会計士等の監査は必要ありません。

青色申告法人と同様の帳簿書類の備付け等とは、複式簿記による仕訳帳、総勘定元帳その他の帳簿の作成と最低7年間の帳簿書類の整理保存が必要です。

⑤の不適正な経理とは、使途が明らかでない支出がある、帳簿に虚偽の記載があるといったことをいいます。

22 《4号基準》事業活動に関する基準
（P.110を参照）

　NPO法人の事業活動が適正に行われているかどうかを判定する基準です。次の①②については、実績判定期間から認定時まで継続して基準を満たしている必要があります。③④については下記の算式により、実績判定期間内で判定します。

①次に掲げる活動を行っていないこと。
(1) 宗教の教義を広め、儀式行事を行い、及び信者を教化育成すること。
(2) 政治上の主義を推進し、支持し、またはこれに反対すること。
(3) 特定の公職の候補者若しくは公職にある者又は政党を推薦し、支持し、またはこれらに反対すること。

②役員等（※1）に対し特別の利益を与えないことその他の特定の者と特別の関係がないものとして下記の一定の基準に適合していること。
(1)職務の内容、職員に対する給与の支給状況、類似する他のNPO法人の役員に対する報酬の支給状況等に照らして、過大な役員報酬の支払いを行わないこと、役員等に対し報酬または給与の支給に関して特別の利益を与えないこと。
(2)役員等または役員等が支配する法人に対し、譲渡等の時における価額に比して著しく過少と認められる対価で資産の譲渡等を行わないこと、その他これらの者とNPO法人との間の資産の譲渡等に関して特別の利益を与えないこと。
(3)役員等に対し、役員の選任その他NPO法人の財産の運用及び事業の運営に関して特別の利益を与えないこと。

(4)営利を目的とした事業を行う者、①の(1)(2)(3)に掲げる活動を行う者及び特定の公職の候補者もしくは公職にある者に対し、寄附を行わないこと。

①の(1)(2)に関しては、NPO法第2条では「（これらを）主たる目的としないこと」と定めていますが、認定NPO法人は主たる目的だけでなく、これらの活動を一切行ってはいけない、ということになります。

②の特別な利益とは、たとえばNPO法人が所有する土地や建物を一般的な相場よりも著しく低い賃借料で役員等に貸している、または役員等が所有する土地や建物を一般的な相場よりも著しく高い賃借料でNPO法人が借りている場合、役員等が経営または勤務する法人との間で、NPO法人にとって著しく不利益な条件で、売買契約や委託契約があった場合、などが該当すると考えられます。

※1 役員等とは、役員、社員、職員もしくは寄附者もしくはこれらの者と親等関係を有する者またはこれらの者と特殊の関係のある者のことをいいます。

③

$$\frac{実績判定期間における特定非営利活動に係る事業費}{総事業費} \geq 80\%$$

分母の総事業費は、特定非営利活動に係る事業の事業費とその他の事業の事業費の合計金額です。

判定は、事業費以外の他の合理的な指標を用いても良いとされています。
　たとえば、特定非営利活動に係る事業費はボランティアによる活動が主であるため金銭の支出がほとんどないという法人の場合は、事業費の代わりに従事人数の比などを用いることも考えられます。その場合、算定の根拠となった特定非営利活動事業への従事人数、その他の事業への従事人数を記録、保存しておきます。申請書類に添付資料として提出する必要があります。

④

$$\frac{実績判定期間における受入寄附金総額のうち特定非営利活動に係る事業費に充てた額}{受入寄附金総額} \geqq 70\%$$

　資金繰りに余裕があるならば、できるだけ将来のためにお金をとっておきたいと考える法人は多いのではないかと思います。ですが、あまり貯めこみすぎるとこの基準をクリアできなくなるので注意が必要です。認定後は多くの寄附金が集まる可能性があるので、実績判定期間の5年間の中で受入寄附金総額の70％以上を特定非営利活動に係る事業費として使うために、事業計画や予算の見直しが必要になる場合もあります。
　一定の条件の下、将来の特定非営利活動に充てるために当期に特定資産等として貸借対照表に計上した金額（※2）は、当期の「受入寄附金総額のうち特定非営利活動に係る事業費に充てた額」に算入することができます（P.117を参照してください）。

法人の収入源泉として、寄附金の他に事業収益や受取会費があるという場合には、まず受入寄附金から充当したものとして計算して構いません。

※2　特定資産等として貸借対照表に計上した金額とは、たとえば積立金のために別途銀行口座を作った場合、○○目的積立定期預金などの勘定科目で貸借対照表の資産の部に計上したものです。

23 《5号基準》情報公開に関する基準
（P.118を参照）

　この基準は、情報公開ができているかを判定するものです。
　NPO法人は、NPO法の中で自ら情報公開を行うことが義務付けられていますが、認定NPO法人にはさらに透明性の高い法人運営が求められています。

　認定NPO法人は、次に掲げる書類について閲覧の請求があった場合には、正当な理由がある場合を除いて、法人の事務所において閲覧をさせなければなりません。

イ	①事業報告書等（事業報告書、財産目録、貸借対照表、活動計算書、年間役員名簿、社員のうち10人以上の者の氏名及び住所等を記した書面） ②役員名簿 ③定款等（定款、認証書の写し、登記事項証明書の写し）
ロ	各認定基準に適合する旨を説明する書類、欠格事由に該当しない旨を説明する書類
ハ	寄附金を充当する予定の具体的な事業の内容を記載した書類
ニ	前事業年度の役員報酬または職員給与の支給に関する規程
ホ	次の事項を記載した書類 ①収益の源泉別の明細、借入金の明細その他の資金に関する事項 ②資産の譲渡等に係る事業の料金、条件その他その内容に関する事項 ③次に掲げる取引に係る取引先、取引金額その他その内容に関する事項 ・収益の生ずる取引及び費用の生ずる取引のそれぞれについて、取引金額の多い上位5者との取引 ・役員等との取引

	④寄附者（役員、役員と親族関係を有する者並びに役員と特殊の関係のある者で、その法人に対する寄附金の額の事業年度中の合計額が20万円以上であるものに限る）の氏名並びにその寄附金の額及び受領年月日 ⑤給与を得た職員の総数及びその職員に対する給与の総額に関する事項 ⑥支出した寄附金の額並びにその相手先及び支出年月日 ⑦海外への送金または金銭の持出しを行った場合（その金額が200万円以下の場合に限る）におけるその金額及び使途並びにその実施日
ヘ	①助成金の支給を行った場合に事後に所轄庁に提出した書類の写し ②海外への送金または金銭の持出し（その金額が200万円以下のものを除く）を行う場合には事前にまたは災害に対する援助等緊急を要する場合には事後に所轄庁に提出した書類の写し

　ニは、役員報酬または職員給与の支給をしていない法人も作成します。
　海外への送金は、200万円を超える場合は所轄庁へ届出をしますが、200万円以下の場合についても情報公開の対象となります。

24 《6号基準》
事業報告書等の提出に関する基準
（P.120を参照）

　実績判定期間を含む各事業年度において、都道府県または政令指定都市の条例で定めるところにより、毎事業年度1回、事業報告書等を所轄庁に提出しなければなりません。1年でも未提出の年がある場合は、この基準は満たせないことになります。

25 《7号基準》
不正行為等に関する基準
（P.120を参照）

　実績判定期間を含む各事業年度において、法令または法令に基づいてする行政庁の処分に違反する事実、偽りその他不正の行為により利益を得、または得ようとした事実その他公益に反する事実がある場合には、この基準は満たせません。

　法令違反とは、たとえば税法に関するものとして、法人税法上の収益事業を行っており、法人税の申告の義務があるにもかかわらず無申告である場合は法人税法違反、基準期間の課税売上が1千万円を超えているにもかかわらず、消費税の申告をしていない場合には消費税法違反、給与や報酬の支払いがあり源泉徴収義務があるにもかかわらず源泉徴収をしていない場合には所得税法違反、償却資産の申告をせず、固定資産税の納付をしていない場合には地方税法違反、などが考えられます。

26 《8号基準》設立後の経過期間に関する基準
（P.120を参照）

　認定または仮認定の申請書を提出した日を含む事業年度の初日において、NPO法人の設立の日以後1年を超える期間が経過していなければなりません。

　これは初回の認定申請及び仮認定申請の際、実績判定期間は2事業年度となっているためです。

第2部

申請書等の作成

27 第2部の構成について

　第2部の前半では、認定NPO法人になるための4本の道のそれぞれについて、申請書等の作成方法をみていきます。第1章で、絶対値基準の場合の申請書、第2章で、相対値基準の場合の申請書を、第3章で、条例個別指定基準の場合の申請書、第4章で、仮認定の場合の申請書について説明します。

　第2部の後半では、第5章で、毎事業年度ごとあるいは変更時に提出する書類、第6章で、更新の際に必要な書類についてみていきます。

　認定NPO法人の認定業務が国税庁から所轄庁へ移行したことに伴い、認定のための申請書及び添付書類は、各所轄庁がそれぞれ定めることになりました。この本では、内閣府の手引きに出ている申請書及びチェック表をベースにしていますが、実際に申請をされる場合には、ご自身の法人の所轄庁から出されている申請書を使用していただくようお願いします。

　なお、所轄庁の連絡先については、巻末に一覧を掲載しています。

第2部の構成

認定取得に必要な書類

第1章
絶対値基準の場合の申請書の作成

第2章
相対値基準の場合の申請書の作成
（第1章と共通するものは除く）

第3章
条例個別指定基準で申請する場合の申請書の作成
（第1章と共通するものを除く）

第4章
仮認定で申請する場合の申請書の作成
（第1章と共通するものを除く）

認定取得後に必要な書類

第5章
認定後に必要な書類の作成等
(1) 事業年度終了後の役員報酬規程等の報告
(2) 助成金及び海外送金等の報告
(3) その他の報告

第6章
更新時に必要な書類の作成等

28 申請書の作成前に用意するもの

　申請書を作成する前に、実績判定期間（初回申請時であれば原則直前2事業年度）の活動計算書または収支計算書を合算したもの（以下「合算活動計算書」）を作成しておくとよいでしょう。

　第1表（相対値基準のみ）、第2表、第4表を作成する場合に、実績判定期間の事業年度の受取会費や受取寄付金、事業費などの合計金額が必要になります。あらかじめ合算活動計算書を作成することで集計ミスを防ぎ、効率よく申請書類を作成することができます。

　右頁が@PROの合算活動計算書です。

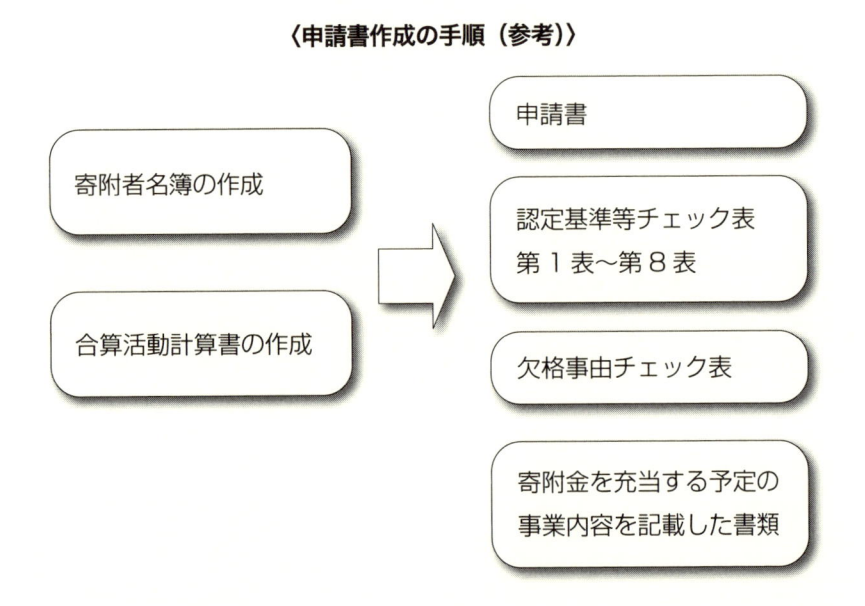

〈申請書作成の手順（参考）〉

```
┌─────────────────┐            ┌─────────────────┐
│ 寄附者名簿の作成 │            │     申請書       │
└─────────────────┘            └─────────────────┘
         ↓                     ┌─────────────────┐
                    ⇒          │ 認定基準等チェック表 │
                               │  第1表〜第8表     │
┌─────────────────┐            └─────────────────┘
│ 合算活動計算書の作成 │          ┌─────────────────┐
└─────────────────┘            │ 欠格事由チェック表 │
                               └─────────────────┘
                               ┌─────────────────┐
                               │ 寄附金を充当する予定の│
                               │ 事業内容を記載した書類│
                               └─────────────────┘
```

2010年7月1日～2012年6月30日

合算活動計算書			
科　　　目	2011年6月期	2012年6月期	合計
Ⅰ経常収益			
１．受取会費			
正会員受取会費	1,510,000	1,485,000	2,995,000
２．受取寄付金			
受取会計基準プロジェクト寄付金等	16,884	1,265,000	1,281,884
３．受取助成金等			
受取民間助成金	500,000	4,500,000	5,000,000
４．事業収益			
JICA会計支援事業収益	70,000	110,000	180,000
シンポジウム参加料収益	18,170	60,000	78,170
５．その他収益			
受取利息	756	247	1,003
雑収益	10,000	5,000	15,000
経常収益合計	2,125,810	7,425,247	9,551,057
Ⅱ経常費用			
１．事業費			
(1) 人件費			
人件費計	0	0	0
(2) その他経費			
業務委託費	1,518,000	6,928,000	8,446,000
旅費交通費	75,220	83,940	159,160
広報費	0	10,500	10,500
消耗品費	578	2,880	3,458
資料費	85,500	425,102	510,602
賃借料	84,310	9,340	93,650
諸会費	30,000	30,000	60,000
諸謝金	80,000	0	80,000
雑費	1,575	420	1,995
その他経費計	1,875,183	7,490,182	9,365,365
事業費計	1,875,183	7,490,182	9,365,365
２．管理費			
(1) 人件費			
人件費計	0	0	0
(2) その他経費			
福利厚生費	15,750	0	15,750
会議費	3,276	0	3,276
旅費交通費	0	500	500
通信運搬費	44,444	69,686	114,130
広報費	0	46,000	46,000
消耗品費	49,959	0	49,959
諸会費	60,000	60,000	120,000
資料費	1,000	0	1,000
租税公課	1,000	0	1,000
業務委託費	240,000	0	240,000
支払手数料	10,500	16,800	27,300
雑費	210	0	210
その他経費計	426,139	192,986	619,125
管理費計	426,139	192,986	619,125
経常費用計	2,301,322	7,683,168	9,984,490
当期正味財産増減額	△175,512	△257,921	△433,433
前期繰越正味財産額	1,102,337	926,825	1,102,337
次期繰越正味財産額	926,825	668,904	668,904

- 相対値基準第1表付表2①「社員の会費の額の合計額」と一致
- 相対値基準第1表㊂、第1表付表1(A)、第4表ニ①の「受入寄附金総額」と一致
- 相対値基準第1表㊆欄の「総収入金額」と一致
- 第2表①の「すべての事業活動に係る金額等」、第4表ハ①の「事業費の総額」に一致

28　申請書の作成前に用意するもの

絶対値基準の場合の申請書の作成

第 **1** 章

29 絶対値基準で申請する場合に必要な書類

　絶対値基準で申請する場合に必要な書類は、右頁の「認定を受けるための申請書及び添付書類一覧（兼チェック表）」の、右側に✓がついているものです。

　申請書以外の添付書類としては、「1．寄附者名簿」、「2．認定基準等に適合する旨及び欠格事由に該当しない旨を説明する書類」、「3．寄附金を充当する予定の具体的な事業の内容を記載した書類」の3つがあります。

　このうち、「2．認定基準等に適合する旨」の書類は、「認定基準等チェック表」として第1表から第8表まで分かれています。これは、所轄庁から認定されるための基準として定められている8つの基準（一号基準～八号基準）にそれぞれのチェック表が対応しており、認定基準の1つめの「パブリックサポートをクリアしている」をチェックするための表が第1表、認定基準の2つめの「共益的な活動がメインではないこと」をチェックするための表が第2表、という位置づけになっています。

　この章は、絶対値基準の申請書の作成方法の事例ですので、第1表は「絶対値基準」のところだけに✓が入っています。

所轄庁から認定されるための8つの基準（一号基準～八号基準）を満たしているかどうか？	→	認定基準等チェック表第1表～第8表で一号基準～八号基準を満たしていることを証明する。

認定を受けるための申請書及び添付書類一覧（兼チェック表）

申請書・添付書類			チェック
認定特定非営利活動法人としての認定を受けるための申請書			✓
1　寄附者名簿（注）			✓
2　認定基準等に適合する旨及び欠格事由に該当しない旨を説明する書類			
一号基準	イ、ロ、ハのいずれか1つの基準を選択してください。		
	イ　相対値基準・原則　又は　相対値基準・小規模法人		
		認定基準等チェック表（第1表　相対値基準・原則用）	
		認定基準等チェック表（第1表　相対値基準・小規模法人用）	
		受け入れた寄附金の明細表（第1表付表1　相対値基準・原則用）	
		受け入れた寄附金の明細表（第1表付表1　相対値基準・小規模法人用）	
		社員から受け入れた会費の明細表（第1表付表2　相対値基準用）	
	ロ　絶対値基準		
		認定基準等チェック表（第1表　絶対値基準用）	✓
	ハ　条例個別指定基準		
		認定基準等チェック表（第1表　条例個別指定法人用）	
二号基準	いずれかの書類を提出することとなります。		
	認定基準等チェック表（第2表）		✓
	認定基準等チェック表（第2表　条例個別指定法人用）		
三号基準	認定基準等チェック表（第3表）		✓
	役員の状況（第3表付表1）		✓
	帳簿組織の状況（第3表付表2）		✓
四号基準	認定基準等チェック表（第4表）		✓
	役員等に対する報酬等の状況（第4表付表1）		✓
	役員等に対する資産の譲渡等の状況等（第4表付表2）		✓
五号基準	認定基準等チェック表（第5表）		✓
六号基準〜八	認定基準等チェック表（第6、7、8表）		✓
欠格事由チェック表			✓
3　寄附金を充当する予定の具体的な事業の内容を記載した書類			✓

（注意事項）
条例個別指定基準に適合する法人は、寄附者名簿の添付は必要ありません（法44②ただし書き）。

30 申請書に記載すること

「認定特定非営利活動法人としての認定を受けるための申請書」(以下「申請書」とします)には、法人の住所、名称、代表者の氏名、事業の概況等、法人の基本的な事項のほか、過去の認定の有無や、どのPSTで申請しようとしているのかを記入します。

今回初めて認定申請をするNPO法人は、右頁のように、「無」に○をしたうえで、申請するPSTの基準に✓をつけることになります。これは、PST基準ごとに作成すべき認定基準チェック表が異なるためです。国税庁認定をすでに受けているNPO法人の場合も、所轄庁認定は初回であるため、「過去の認定の有無」は「無」を記載します。

「上記以外の事務所の所在地」には、定款に記載のある従たる事務所をすべて記載します。「事務所の責任者」とは、その事務所における判断事項について責任を持って判断ができる者をいいます。

＜提出部数について＞

所轄庁に提出する部数ですが、東京都の場合には、「申請書」と「寄附者名簿」について1部、「認定基準等チェック表」、「欠格事由チェック表」、「寄附金を充当する予定の内容を記載した書類」については2部の提出を求めています。提出部数は所轄庁ごとに違う可能性がありますので、事前に提出する所轄庁にご確認ください。

認定特定非営利活動法人としての認定を受けるための申請書

受付印	主たる事務所の所在地	〒113-0031 東京都文京区根津1-19-14-201 電話（03）3827 － 9127 FAX（03）5814 － 5332
平成　年　月　日	（フリガナ）	トクテイヒエイリカツドウホウジン　エヌピーオーカイケイゼイムセンモンカネットワーク
	申請者の名称	特定非営利活動法人　NPO会計税務専門家ネットワーク
	（フリガナ）	イワナガ　キヨシゲ
東京都知事・市長殿	代表者の氏名	岩永　清滋　㊞
	設立年月日	平成16年5月24日
	事業年度	7月1日～6月30日

本申請において適用するパブリックサポートテスト基準

過去の認定の有無 （過去の認定の有効期間） （過去に認定した所轄庁）	有・㊇ （自　年　月　日 　至　年　月　日） （　　　　　）
過去の仮認定の有無 （仮認定を受けた日） （過去に仮認定した所轄庁）	有・㊇ （　年　月　日） （　　　　　）
認定取消の有無 （取消日） （取消した所轄庁）	有・㊇ （　年　月　日） （　　　　　）
仮認定取消の有無 （取消日） （取り消した所轄庁）	有・㊇ （　年　月　日） （　　　　　）

※国税庁認定を受けている場合も「無」に記載

☐ 相対値基準・原則
☐ 相対値基準・小規模法人
☑ 絶対値基準
☐ 条例個別指定法人

特定非営利活動促進法第44条第1項の認定を受けたいので申請します。

（現に行っている事業の概要）
NPOに関する会計税務の研究、普及、支援に関する事業を行い、もってNPOの健全な発展に寄与することを目的とする。
NPOに係る会計税務知識の普及啓発、会計税務専門家に対するNPOに関する知識の普及、NPOに係る会計税務に関する調査研究、NPOに係る会計税務に関する政策立案及び提言などを行っている。

※定款に記載のある従たる事務所をすべて記載

上記以外の事務所の所在地	左記の事務所の責任者の氏名	役職
〒 電話（　）－ FAX（　）－		
〒 電話（　）－ FAX（　）－		

30　申請書に記載すること

31 寄附者名簿の作成の手順

　PSTを絶対値基準または相対値基準で申請する場合には寄附者名簿の提出が必要になります。寄附者名簿には、実績判定期間中の事業年度ごとに、「寄附者の氏名又は名称」「住所又は事務所の所在地」「寄附金の額」「受領年月日」が記載されている必要があります。

　寄附者名簿の作成方法は特に定められていませんが、絶対値基準では、寄附者の数をカウントしやすいような寄附者名簿を作成する必要があります。以下のようなことに留意して作成するとよいでしょう。

① 同じ事業年度中に複数回の寄附をしている寄附者については1人としてカウントしますので、寄附者名簿では、名寄せ（同一人物からの寄附を抜き出して合算をする）をする必要があります。

② 寄附者本人と生計を一にする者からの寄附は1人としてカウントしますので、生計を一にする者からの寄附も名寄せをする必要があります。

③ 役員及び役員と生計を一にする者からの寄附、各事業年度中の寄附金の額が3,000円未満である寄附者及び寄附者の氏名または住所が明らかでない寄附者は、寄附者の数にカウントしません。よって寄附者名簿でも、100人にカウントする寄附者とカウントしない寄附者がわかるように表示をしておくとよいでしょう。
（例えば、名簿上でカウントする人としない人を分けたり、名簿の横に、カウントする人は✓をつけるなどの方法が考えられます。）

＜法人作成の寄附者名簿から所轄庁へ提出の寄附者名簿への作成手順＞

エクセル等で「寄附者の氏名又は名称」「住所又は事務所の所在地」「寄附金の額」「受領年月日」が記載された寄附者名簿を事業年度ごとに作成

　　PSTにカウントする賛助会員の会費や助成金も寄附者名簿に加える

↓

① 同一人物から複数回の寄附を受けている場合には名寄せをする

↓

② 生計を一にする者からの寄附を名寄せする

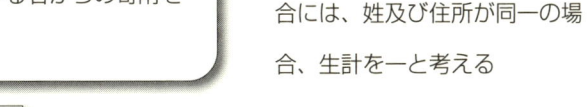

　　寄附者の詳細までわからない場合には、姓及び住所が同一の場合、生計を一と考える

↓

③ 100人にカウントする寄附者とカウントしない寄附者を分ける

　　所轄庁に提出する寄附者名簿に100人にカウントする人に✓を付けるなどの方法でも可能

↓

名寄せ、合算、100人にカウントする人としない人を分けた寄附者名簿を作成

31 寄附者名簿の作成の手順　97

エクセルで作成した寄附者名簿

2011年7月1日～2012年6月30日

受領年月日	寄附者名	住所	金額	備考
2011.8.6	太田 久	台東区根岸1-1-1	10,000	理事
2011.8.10	田中 一郎	港区高輪3-3-3	10,000	
2011.8.10	西田 葵	千代田区神田和泉町5-5-5	5,000	
2011.8.20	中村 良	千葉市稲毛区山王7-7-7	30,000	
2011.8.25	田中 美月	港区高輪3-3-3	10,000	
2011.9.1	太田 尚子	台東区根岸1-1-1	10,000	理事と生計一
2011.9.20	小川 修一	品川区南大井2-2-2	2,000	
2011.9.30	山口 隼人		5,000	
2011.10.10	西田 葵	千代田区神田和泉町5-5-5	5,000	

寄附者名簿は事業年度ごとに作成

↓

名寄せ・合算し、100人にカウントする人とカウントしない人を分けた寄附者名簿

2011年7月1日～2012年6月30日

受領年月日	寄附者名	住所	金額	備考
＜カウントする人＞				
2011.8.10	西田 葵	千代田区神田和泉町5-5-5	5,000	
2011.10.10	西田 葵	千代田区神田和泉町5-5-5	5,000	
合計	西田 葵	千代田区神田和泉町5-5-5	10,000	
2011.8.10	田中 一郎	港区高輪3-3-3	10,000	
2011.8.25	田中 美月	港区高輪3-3-3	10,000	
合計	田中一郎、美月	港区高輪3-3-3	20,000	
2011.8.20	中村 良	千葉市稲毛区山王7-7-7	30,000	
＜カウントしない人＞				
2011.8.6	太田 久	台東区根岸1-1-1	10,000	理事
2011.9.1	太田 尚子	台東区根岸1-1-1	10,000	理事と生計一
合計			20,000	
2011.9.20	小川 修一	品川区南大井2-2-2	2,000	
3,000円未満の寄附合計			50,000	
2011.9.30	山口 隼人		5,000	
匿名寄附合計			100,000	

- 同一人物からの複数回の寄附は名寄せして合算する（合算せずにそのまま寄附者名簿に記載してもOK）
- 生計を一の者からの寄附は名寄せして合算する（合算せずにそのまま寄付者名簿に記載してもOK）
- 役員及び役員と生計を一にする者からの寄附は、100人にカウントしないので、名簿上で分ける（寄付者名簿に✓をしないという方法でも可能）
- 3,000円未満の寄附、匿名寄附は、100人にカウントしないので、名簿上で分ける（寄付者名簿に✓をしないという方法でも可能）
- 氏名だけがわかり住所がわからない場合には匿名寄附扱い

※寄附者名簿の氏名・住所は架空のものです

> 寄附者名簿は事業年度ごとに作ります。

[初回申請時のみ提出]　　　　　　　　　　　　　　　　　　　　[閲覧対象外書類]

寄附者名簿

| 法人名 | 特定非営利活動法人NPO会計税務専門家ネットワーク | 事 業 年 度 | 2011年7月1日～2012年6月30日 |

寄附者の氏名又は名称	住所又は事務所の所在地	寄附金の額	受領年月日
西田　葵	千代田区神田和泉町5-5-5	10,000 円	2011・8・10他
田中　一郎・美月	港区高輪3-3-3	20,000 円	2011・8・10他
中村　良	千葉市稲毛区山王町7-7-7	30,000 円	2011・8・20
・	・	円	・・・
・	・	円	・・・
・	・	円	・・・
〈以下100人にカウントしない寄附者〉		円	
太田久・尚子	台東区根岸1-1-1	20,000 円	2011・8・10他
3000円未満の寄附合計		50,000 円	・
匿名寄附合計		100,000 円	・

> 同一人物からの複数回の寄附、生計を一の者からの寄附は名寄せして合算します。

> 役員及び役員と生計を一にする者からの寄附、3,000円未満の寄附、匿名寄附は100人にカウントしないので、わかるように表示します。

> 100人にカウントする人とカウントしない人を分けずに、カウントする人は名簿の横に✓をいれるなどの方法でも可能

31　寄附者名簿の作成の手順

32 絶対値基準の第1表の記載方法

　認定基準等チェック表（第1表　絶対値基準用）の記入方法は、実績判定期間内のすべての事業年度で3,000円以上の寄附者が100人以上いる場合には、チェック表の上半分に記入し、チェック欄にチェックをすれば終わりです。

　一方、100人未満の事業年度がある場合には、上半分のいずれかの事業年度に「いいえ」と記入したうえで、下の欄で、年平均が100人以上になるかどうかを計算します。

＜生計を一にする者とは？＞

　絶対値基準において寄附者数を算出する場合に、寄附者本人と生計を一にする方を含めて1人としてカウントすることになっています。この場合に「生計を一にする」とはどのように判断されるのでしょうか？　内閣府の手引きでは、「寄附者と生計を一にする者とは、寄附者と日常生活の資を共通にしている者を言います。従って、同居していなくても仕送り等により日常生活の資を共通している場合には、その者は生計を一にする者となります。」とあります。

　一方、「寄附者名簿など外形的な情報に基づき寄附者数をカウントする場合は、生計を一にするかどうかの一義的な判断は、姓及び住所が同一かどうかで判断して差し支えありません。」とありますので、寄附者の詳細までわからない場合には、姓及び住所が同一の方を生計を一と考えて処理します（内閣府の手引きQ&A問37,38）。

認定基準等チェック表　（第1表　絶対値基準用）

| 法人名 | 特定非営利活動法人　NPO会計税務専門家ネットワーク | 実績判定期間 | 2010年7月1日～2012年6月30日 |

実績判定期間内の各事業年度中の寄附金の額の総額が3,000円以上である寄附者の数の合計数が年平均100人以上であること

チェック欄　○

【留意事項】
1　寄附者の氏名（法人・団体にあっては、その名称）及びその住所が明らかな寄附者のみを数えてください。
2　寄附者の数の算出に当たっては、寄附者本人と生計を一にする方を含めて一人としてください。
3　貴法人の役員及びその役員と生計を一にする方が寄附者である場合、それらの方を寄附者の数に含めないでください。

実績判定期間内の各事業年度		ⓐ	ⓑ	ⓒ	ⓓ	ⓔ
	自	2010年7月1日	2011年7月1日	年　月　日	年　月　日	年　月　日
	至	2011年6月30日	2012年6月30日	年　月　日	年　月　日	年　月　日
年3,000円以上の寄附者の数が100人以上である		はい （いいえ）	（はい） いいえ	はい いいえ	はい いいえ	はい いいえ

【チェック欄】
☑　寄附者の氏名（法人・団体にあっては、その名称）及びその住所が明らかな寄附者のみを数えていますか。
☑　寄附者の数の算出に当たって、寄附者本人と生計を一にする方を含めて一人としていますか。
☑　貴法人の役員及びその役員と生計を一にする方が寄附者の場合、それらの方を寄附者数から除いていますか。

○　実績判定期間内において、寄附金額が年3,000円以上の寄附者の数が年100人未満の事業年度がある場合は、下欄により、年平均100人以上かどうかを判定してください。

年3,000円以上の寄附者の数	ⓐ	ⓑ	ⓒ	ⓓ	ⓔ		合計
	80人	140人	人	人	人	A	220人
実績判定期間の月数　（注）一月未満の端数がある場合は、一月に切り上げます。						B	24月

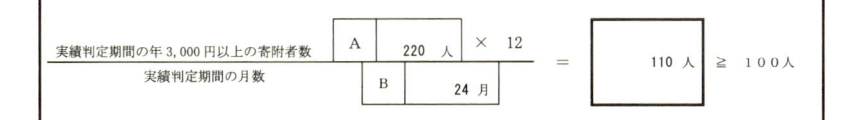

$$\frac{\text{実績判定期間の年3,000円以上の寄附者数　A　220人}}{\text{実績判定期間の月数　B　24月}} \times 12 = 110人 \geq 100人$$

32　絶対値基準の第1表の記載方法

33 第2表の記載方法

　第2表は、「活動の対象を会員や特定の者などを対象とした共益的な活動」が主たるものになっていないかどうかのチェック表です。

　まず、「すべての事業活動に係る金額等」の欄（①の欄）には、実績判定期間における活動計算書の事業費の合計金額（その他の事業がある場合には、本来事業の事業費とその他の事業の事業費の合計金額）を記載します。イ〜ニが共益的活動の内容です。これらの活動に係った事業費を合計し、②に記入し、③（＝②÷①）が50％未満であれば、この基準はクリアということになります。

　なお、事業費を使うとこの基準をクリアできない場合には、従事者の作業時間数など、他の合理的な指標を使っても構いません。

> **＜事業費と管理費について＞**
>
> 　事業費とは、NPO法人が目的とする事業を行うために直接要する人件費及びその他経費をいいます。管理費とは、NPO法人の各種の事業を管理するための費用で、総会及び理事会の開催運営費、管理部門に係る役職員の人件費、管理部門に係る事務所の賃借料及び光熱費等のその他経費をいいます。
>
> 　また、事業費と管理費に共通する経費は合理的に説明できる根拠に基づき按分される必要があります。
>
> 　具体的な事業費と管理費の按分の方法などは、NPO法人会計基準のQ&A問14-1、14-2などを参照するといいでしょう。NPO法人会計基準については、「みんなで使おう！NPO法人会計基準」（http://www.npokaikeikijun.jp/）をご覧ください。

認定基準等チェック表　（第2表）

法人名	特定非営利活動法人　ＮＰＯ会計税務専門家ネットワーク	チェック欄
2	実績判定期間における事業活動のうち次の活動の占める割合が50%未満であること	○

　イ　会員等に対する資産の譲渡若しくは貸付け又は役務の提供（以下「資産の譲渡等」という。）、会員等相互の交流、連絡又は意見交換その他その対象が会員等である活動（資産の譲渡等のうち対価を得ないで行われるもの等を除く。）
　ロ　会員等、特定の団体の構成員、特定の職域に属する者、特定の地域に居住し又は事務所その他これらに準ずるものを有する者その他便益の及ぶ者が特定の範囲の者である活動（会員等に対する資産の譲渡等を除く。）
　　（注意事項）　特定の地域とは、一の市区町村の区域の一部で地縁に基づく地域をいいます。
　ハ　特定の著作物又は特定の者に関する普及啓発、広告宣伝、調査研究、情報提供その他の活動
　ニ　特定の者に対し、その者の意に反した作為又は不作為を求める活動

		実績判定期間
すべての事業活動に係る金額等	① （指標　　）	9,365,365
①のうちイ〜ニの活動に係る金額等	②	485,102

イ	会員等に対する資産の譲渡等の活動（対価を得ないで行われるもの等を除く。）に係る金額等	ⓐ	
	会員等相互の交流、連絡又は意見交換その他その対象が会員等である活動に係る金額等	ⓑ	485,102
ロ	便益が及ぶ者が特定の範囲の者である活動に係る金額等	ⓒ	
ハ	特定の著作物又は特定の者に関する活動に係る金額等	ⓓ	
ニ	特定の者に対し、その者の意に反した作為又は不作為を求める活動に係る金額等	ⓔ	
合　計　（ⓐ+ⓑ+ⓒ+ⓓ+ⓔ）		ⓕ	485,102　⇒②へ

基準となる割合（②÷①）	③	5.2%

合算活動計算書の事業費の合計金額を記載します。
（他の合理的な指標を使っても構いません）

33　第2表の記載方法

34 第3表イと第3表付表1の記載方法

　第3表の「イ」では、役員の総数のうち、(1)役員及びその親族等の占める割合が3分の1以下であること、(2)特定の法人の役員又は使用人である者及びこれらの者の親族等の占める割合が3分の1以下であること、が求められます。この場合に、各欄の人数等は、第3表付表1「役員の状況」から転記されますが、(2)の要件を満たしていることを説明するために、実績判定期間及び申請時までの役員ごとの職歴や経歴などを法人が把握していることが求められます。下のような表があればいいでしょう。

役　職	氏　名	職業・経歴
理事	脇坂　誠也	H11.4～脇坂税務会計事務所　所長 H20.3～NPO法人乙理事 H21.2～NPO法人E監事

　@PROでは、各理事にこのような経歴書を提出してもらいました。認定NPO法人は、理事に対し職業の異動や、他の団体の理事などの就任辞任を年1回は報告してもらうようにしたほうがいいでしょう。
　この資料を基に、第3表付表1を作成します。さらに、ⓐ、ⓑ、申請時の各欄の人数を第3表に転記し、割合を計算します。

<役員の親族割合等を満たさなくなった場合>

　「役員の総数のうちに役員及びその親族等の占める割合が3分の1以下であること、特定の法人の役員又は使用人である者及びこれらの者の親族等の占める割合が3分の1以下であること」は、実績判定期間中満たしていなければいけません。また、認定取得後も、これらの基準を満たさない場合には、所轄庁は認定等を取り消すことができるとされています。しかし、ほんの少しでもそのような事態になった場合に直ちに認定取り消しになってしまうのでしょうか？

　内閣府の手引きのQ&A問76では、以下のように書かれています。

　「役員の親族割合基準を満たさない場合には、所轄庁は認定等を取り消すことができるとされています（法67②）。なお、何らかの理由で理事が欠けた場合に、結果として親族割合が変動してしまう場合などが考えられ、そのような場合には、法人の努力や所轄庁の指導監督で改善が期待されることが少なくないことから、事態の度合いに応じて所轄庁が取消の必要性を判断することとなります。」

認定基準等チェック表 （第3表）

(初葉)

法人名	特定非営利活動法人　ＮＰＯ会計税務専門家ネットワーク	チェック欄

3　運営組織及び経理に関して次に掲げる基準に適合していること　　　　　　　　　〇
イ　役員の総数のうちに次の者の数の占める割合がそれぞれ3分の1以下であること
　(1)　役員及びその親族等
　(2)　特定の法人の役員又は使用人である者及びこれらの者の親族等
ロ　各社員の表決権が平等であること
ハ　会計について公認会計士又は監査法人の監査を受けていること、又は帳簿書類の備付け、取引の記録及び帳簿書類の保存について青色申告法人に準じて行われていること
ニ　支出した金銭の費途が明らかでないものがある等の不適正な経理が行われていないこと

イ

区分＼項目	役員数 ①	最も人数が多い「親族等」のグループの人数 ②	割合 (②÷①) ③	最も人数が多い「特定の法人の役員又は使用人である者及びこれらの者の親族等」のグループの人数 ④	割合 (④÷①) ⑤
ⓐ 2010年7月1日～2011年6月30日	10人	0人	0％	3人	30％
ⓑ 2011年7月1日～2012年6月30日	10人	0人	0％	3人	30％
ⓒ 　年　月　日～　年　月　日	人	人	％	人	％
ⓓ 　年　月　日～　年　月　日	人	人	％	人	％
ⓔ 　年　月　日～　年　月　日	人	人	％	人	％
申請時	10人	0人	0％	3人	30％

注　各欄の人数等は、第3表付表1「役員の状況」から転記してください。

ロ

各社員の表決権が平等である	ⓐ	ⓑ	ⓒ	ⓓ	ⓔ	申請時
上記を証する書類の名称とその内容等　定款	ⓗはい・いいえ	ⓗはい・いいえ	はい・いいえ	はい・いいえ	はい・いいえ	ⓗはい・いいえ

役員の状況　　　　　　　　　　　　第3表付表1

法人名	特定非営利活動法人 NPO会計税務専門家ネットワーク	ⓐ	ⓑ	ⓒ	ⓓ	ⓔ	申請時
役員数		10人	10人	人	人	人	10人
(1) 最も人数が多い「親族等」のグループの人数		0人	0人	人	人	人	0人
(2) 最も人数が多い「特定の法人の役員又は使用人である者並びにこれらの者の親族等」のグループの人数		3人	3人	人	人	人	3人

役員の内訳

氏名	住所	職名	続柄等	就任等の状況 ⓐ	ⓑ	ⓒ	ⓓ	ⓔ	申請時	就任・退任年月日
岩永 清滋	兵庫県×××	理事長	なし	○	○				○	平成16年5月24日 就任・現任
脇坂 誠也	東京都×××	理事長代理	なし	○	○				○	平成20年9月13日 就任・現任
加藤 俊也	東京都×××	専務理事	なし	○	○				○	平成16年5月24日 就任・現任
龍谷 和隆	北海道×××	事務局長	なし	○	○				○	平成16年5月24日 就任・現任

以下省略

> 役員数、最も多い親族等のグループ、特定の法人のグループの人数を第3表に転記

> 実績判定期間中の役員の職歴・経歴を把握した上で記入

34　第3表イと第3表付表1の記載方法

35 第3表ハとニ、第3表付表2の記載方法

　第3表の「ハ」で、「会計について公認会計士又は監査法人の監査を受けている」の「はい」に○がついている場合には、監査証明書を添付する必要があります。

　一方、「帳簿書類の備付け、取引の記録及び帳簿書類の保存を青色申告法人に準じて行っている」の「はい」に○がついている場合には、第3表付表2「帳簿組織の状況」を記載し、添付する必要があります。

　「ニ」の「費途が明らかでない支出」とは、法人が支出した金額のうち、その費途を確認することができないものをいいます。意図的にその支出先を明らかにしない支出も「費途が明らかでない支出」に該当します。

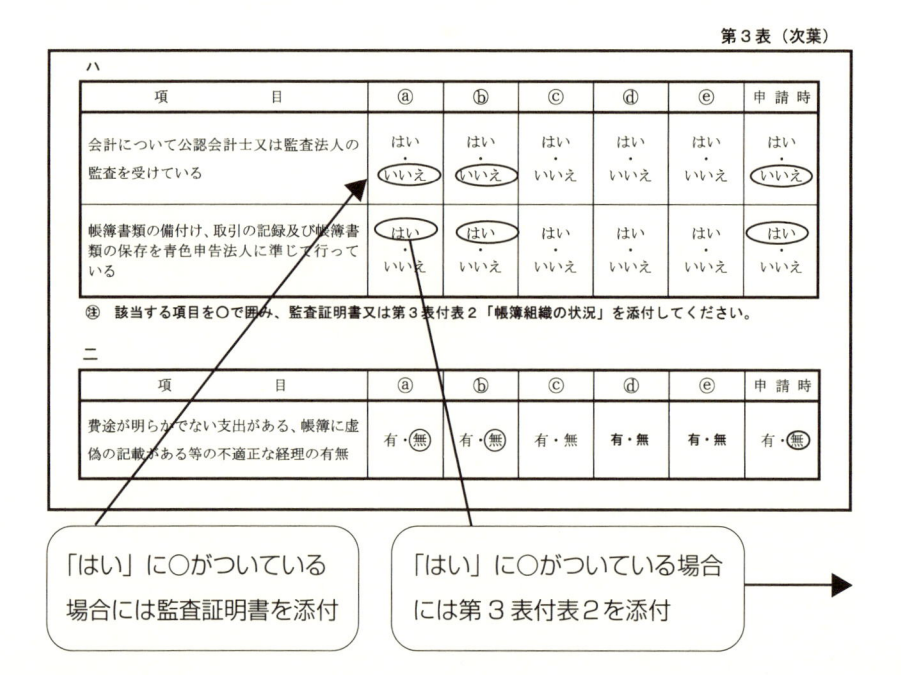

第3表（次葉）

ハ 項目	ⓐ	ⓑ	ⓒ	ⓓ	ⓔ	申請時
会計について公認会計士又は監査法人の監査を受けている	はい・<u>いいえ</u>	はい・<u>いいえ</u>	はい・いいえ	はい・いいえ	はい・いいえ	はい・<u>いいえ</u>
帳簿書類の備付け、取引の記録及び帳簿書類の保存を青色申告法人に準じて行っている	<u>はい</u>・いいえ	<u>はい</u>・いいえ	はい・いいえ	はい・いいえ	はい・いいえ	<u>はい</u>・いいえ

㊟　該当する項目を○で囲み、監査証明書又は第3表付表2「帳簿組織の状況」を添付してください。

ニ 項目	ⓐ	ⓑ	ⓒ	ⓓ	ⓔ	申請時
費途が明らかでない支出がある、帳簿に虚偽の記載がある等の不適正な経理の有無	有・<u>無</u>	有・<u>無</u>	有・無	有・無	有・無	有・<u>無</u>

「はい」に○がついている場合には監査証明書を添付

「はい」に○がついている場合には第3表付表2を添付

帳簿組織の状況

第3表付表2

法 人 名	特定非営利活動法人 NPO会計税務専門家ネットワーク		
伝票又は帳簿名	左の帳簿等の形態	記帳の時期	保存期間
現金出納帳	ルーズリーフ	毎日	7年間
預金出納帳	ルーズリーフ	適時	7年間
仕訳帳	ルーズリーフ	適時	7年間
総勘定元帳	ルーズリーフ	適時	7年間

> 現金出納帳や総勘定元帳等を紙で保存し、ファイルにとじている場合には、「ルーズリーフ」と記入して構いません。

36 第4表イとロの記載方法

　第4表のイは宗教活動、政治活動を行っていないかどうかを記入します。

　第4表のロには、以下のことが無いかどうかを記入します。
① 　役員等に対し報酬または給与の支給に関して特別の利益を与えないこと
② 　役員等または役員等が支配する法人と当法人との間の資産の譲渡等に関して特別の利益を与えないこと
③ 　役員等に対し役員の選任その他当法人の財産の運用及び事業の運営に関して特別の利益を与えないこと
④ 　営利を目的とした事業を行う者等に対して寄附を行わないこと

　「役員等」とは、役員、社員、職員もしくは寄附者もしくはこれらの者の配偶者もしくは三親等以内の親族またはこれらの者と特殊な関係にある者をいいます。

　①の要件をチェックするために、第4表付表1「役員等に対する報酬等の状況」に、「1．役員報酬の支給」、「2．役員の親族等である職員に対する給与の支給」、「3．給与を得た職員の総数及び総額」を記載します。また、②〜④の要件をチェックするために、第4表付表2「役員等に対する資産の譲渡等の状況等」に、「1．役員等に対する資産の譲渡、資産の貸付、役務の提供」、「2．役員の選任その他当法人の財産の運用及び事業の運営に関する事項」、「3．支出した寄附金」を記載します。

第4表付表1に「役員等に対する報酬等」を記載
第4表付表2に「役員等に対する資産の譲渡等の状況」を記載

認定基準等チェック表(第4表)

(初葉)

| 法人名 | 特定非営利活動法人 NPO会計税務専門家ネットワーク | チェック欄 ○ |

4 事業活動に関して次に掲げる基準に適合していること
　イ　宗教活動又は政治活動等を行っていないこと
　ロ　役員等に対し報酬又は給与の支給に関して特別の利益を与えないこと、役員等又は役員等が支配する法人と当法人との間の資産の譲渡等に関して特別の利益を与えないこと、役員等に対し役員の選任その他当法人の財産の運用及び事業の運営に関して特別の利益を与えないこと、及び営利を目的とした事業を行う者、上記イの活動を行う者又は特定の公職の候補者若しくは公職にある者に対し寄附を行わないこと
　ハ　実績判定期間における事業費の総額のうち特定非営利活動に係る事業費の額の占める割合が80%以上であること
　ニ　実績判定期間における受入寄附金総額の70%以上を特定非営利活動の事業費に充てていること

イ

項　目	ⓐ	ⓑ	ⓒ	ⓓ	ⓔ	申請時
宗教の教義を広め、儀式を行い、及び信者を教化育成する活動	有・㊇	有・㊇	有・無	有・無	有・無	有・㊇
政治上の主義を推進し、支持し、又はこれに反対する活動	有・㊇	有・㊇	有・無	有・無	有・無	有・㊇
特定の公職の候補者若しくは公職にある者又は政党を推薦し、支持し、又はこれらに反対する活動	有・㊇	有・㊇	有・無	有・無	有・無	有・㊇

ロ

項　目	ⓐ	ⓑ	ⓒ	ⓓ	ⓔ	申請時
役員の職務の内容、職員に対する給与の支給の状況、当法人とその活動内容及び事業規模が類似する他の法人の役員に対する報酬の支給の状況等に照らして、当法人の役員に対する報酬の支給として過大と認められる報酬の支給その他役員等に対し報酬又は給与の支給に関して特別の利益の供与の有無	有・㊇	有・㊇	有・無	有・無	有・無	有・㊇
役員等又は役員等が支配する法人に対しその対価の額が当該資産のその譲渡の時における価額に比して著しく過少と認められる資産の譲渡その他役員等又は役員等が支配する法人と当法人の間の資産の譲渡等に関して特別の利益の供与の有無	有・㊇	有・㊇	有・無	有・無	有・無	有・㊇
役員等に対し役員の選任その他当法人の財産の運用及び事業の運営に関して特別の利益の供与の有無	有・㊇	有・㊇	有・無	有・無	有・無	有・㊇
営利を目的とした事業を行う者及びイの活動を行う者又は特定の公職の候補者若しくは公職にある者に対する寄附の有無	有・㊇	有・㊇	有・無	有・無	有・無	有・㊇

37　第4表ハとニの記載方法

　第4表のハは、「実績判定期間における事業費の総額のうち特定非営利活動に係る事業費の額の占める割合が80％以上であること」という基準を満たしていることを説明する箇所です。①の「事業費の総額」には、実績判定期間中の活動計算書等の事業費の額の合計額を記入します。もし、特定非営利活動しか行っていない法人であれば、②の「特定非営利活動に係る事業費の額」も、①と同額が記載され、③には100％と記載されます。@PROも、その他事業は行っておらず、すべての活動は特定非営利活動ですから、①と②は同額が記載され、③には100％と記載されています。

　ニは、「実績判定期間における受入寄附金総額の70％以上を特定非営利活動の事業費に充てていること」という基準を満たしていることを説明する箇所です。①の「受入寄附金総額」には、寄附金の総額を記載します。実績判定期間の活動計算書の「受取寄付金（絶対値基準で100人にカウントしなかった役員及び役員と生計を一にする人からの寄附金、3,000円未満の寄附金、匿名寄附金も含めます）」、「受取助成金等」や、賛助会費を寄附金扱いしている場合には、「受取会費」のうち賛助会員部分を合算した金額になります（対価性のないものに限ります）。相対値基準で申請する場合には、相対値基準の第1表の㈢欄に記入する「受入寄附金総額」と同額を記入します。@PROの場合には、P.89の合算活動計算書の「受取寄付金」と「受取助成金等」の合計になっています。

　②の「受入寄附金総額のうちに特定非営利活動に係る事業に充てた金額」は、基本的にハの②の金額と同額を記入しますが、その金額が①よりも大きくなったときは、①と同額を記入し、③は100％とすればよいでしょう。

(第4表 次葉)

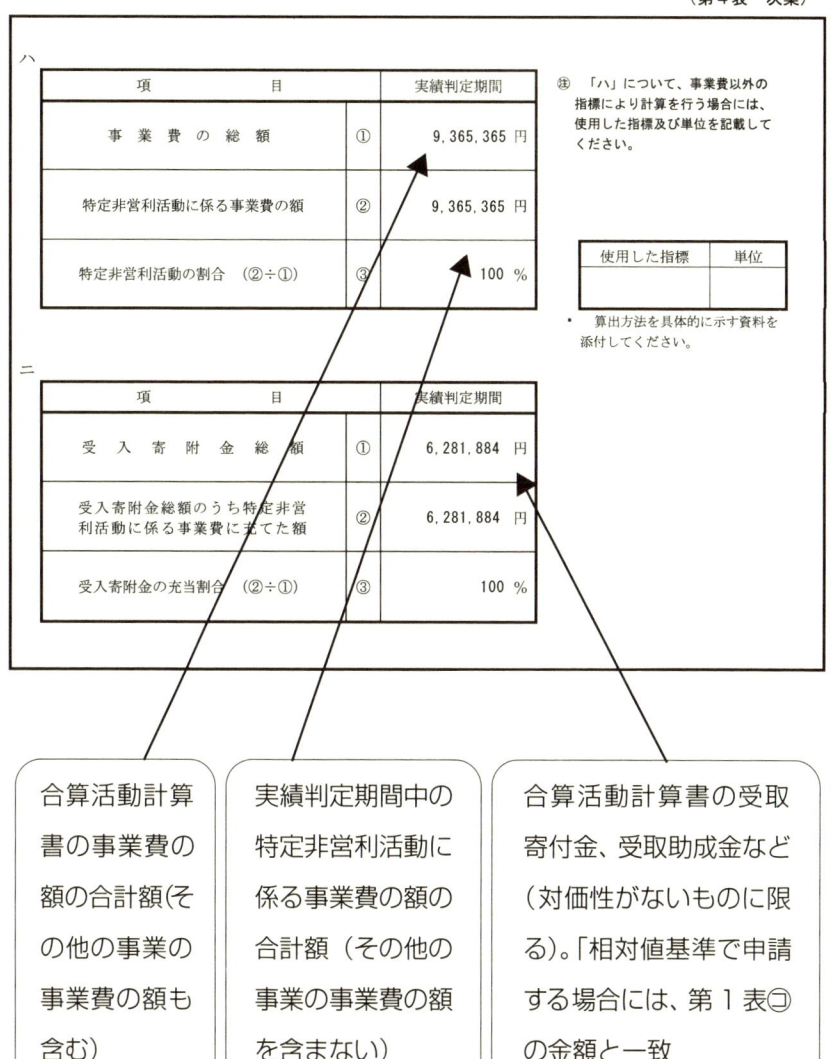

ハ

項　　　　目		実績判定期間
事 業 費 の 総 額	①	9,365,365 円
特定非営利活動に係る事業費の額	②	9,365,365 円
特定非営利活動の割合　(②÷①)	③	100 %

注 「ハ」について、事業費以外の指標により計算を行う場合には、使用した指標及び単位を記載してください。

使用した指標	単位

* 算出方法を具体的に示す資料を添付してください。

ニ

項　　　　目		実績判定期間
受 入 寄 附 金 総 額	①	6,281,884 円
受入寄附金総額のうち特定非営利活動に係る事業費に充てた額	②	6,281,884 円
受入寄附金の充当割合　(②÷①)	③	100 %

合算活動計算書の事業費の額の合計額(その他の事業の事業費の額も含む)

実績判定期間中の特定非営利活動に係る事業費の額の合計額（その他の事業の事業費の額を含まない）

合算活動計算書の受取寄付金、受取助成金など（対価性がないものに限る）。「相対値基準で申請する場合には、第1表㊂の金額と一致

37　第4表ハとニの記載方法　113

役員等に対する報酬等の状況

第4表付表1

法　人　名	特定非営利活動法人　ＮＰＯ会計税務専門家ネットワーク

　役員、社員、職員若しくは寄附者若しくはこれらの者の配偶者若しくは三親等以内の親族又はこれらの者と特殊の関係(注1)にある者（以下「役員等」という）に対する報酬又は給与の支給等（実績判定期間及び申請書の提出日を含む事業年度開始の日から申請書の提出の日までに行った取引等）について以下の項目を記載してください。

(注1)「特殊の関係」とは次に掲げる関係をいいます。
　① 婚姻の届出をしていないが事実上婚姻関係と同様の事情にある関係
　② 使用人である関係及び使用人以外の者で当該役員等から受ける金銭その他の財産によって生計を維持している関係
　③ 上記①又は②に掲げる関係にある者の配偶者及び三親等以内の親族でこれらの者と生計を一にしている関係

1　役員報酬の支給

氏　　名	職　名	支　給　期　間　等	支　給　金　額
該当なし			0 円
			円
			円
			円
			円
			円

2　役員の親族等(注2)である職員に対する給与の支給

受給者の氏名等	役員との関係	支　給　期　間　等	支　給　金　額
該当なし			0 円
			円
			円
			円
			円
			円
			円

(注2)「役員の親族等」とは、役員の配偶者若しくは三親等以内の親族又は役員と特殊の関係にある者をいいます（「特殊の関係」は（注1）参照）。

3　給与を得た職員の総数及び総額

集　計　期　間	2010年 7月 1日 ～ 2012年 6月 30日

給与を得た職員の総数	左記の職員に対する給与総額
0	0 円

役員等に対する資産の譲渡等の状況等

第4表付表2（初葉）

法　人　名	特定非営利活動法人　ＮＰＯ会計税務専門家ネットワーク

1　役員、社員、職員若しくは寄附者若しくはこれらの者の配偶者若しくは三親等以内の親族又はこれらの者と特殊の関係(注)にある者（以下「役員等」という）又は役員等が支配する法人に対する資産の譲渡等（実績判定期間及び申請書の提出日を含む事業年度開始の日から申請書の提出の日までに行った取引等）について以下の項目を記載してください。

　(注)「特殊の関係」とは次に掲げる関係をいいます。
　　　① 婚姻の届出をしていないが事実上婚姻関係と同様の事情にある関係
　　　② 使用人である関係及び使用人以外の者で当該役員等から受ける金銭その他の財産によって生計を維持している関係
　　　③ 上記①又は②に掲げる関係にある者の配偶者及び三親等以内の親族でこれらの者と生計を一にしている関係

(1)　資産の譲渡（棚卸資産を含む。）

取引先の氏名等	法人との関係	譲渡資産の内容	譲渡年月日	譲渡価格	その他の取引条件等
該当なし				円	
				円	
				円	
				円	
				円	
				円	
				円	
				円	

(2)　資産の貸付け（金銭の貸付けを含む。）

取引先の氏名等	法人との関係	貸付資産の内容	貸付年月日	対価の額	その他の取引条件等
該当なし				円	
				円	
				円	
				円	
				円	
				円	
				円	
				円	

第4表付表2（次葉）

(3) 役務の提供（施設の利用等を含む。）

取引先の氏名等	法人との関係	役務の提供の内容	役務の提供年月日	対価の額	その他の取引条件等
ＮＰＯ法人 甲	会員	JICA支援事業		180,000 円	
				円	
				円	
				円	
				円	

> ＠PROの会員であるNPO法人甲がJICAから委託を受けて行っていたNPO法人への会計アドバイザーの派遣事業に、＠PROのメンバーを紹介して、その対価手数料を得ていましたので、それを記入しています。

2 役員の選任その他当法人の財産の運用及び事業の運営に関する事項
（該当する事項がある場合にその内容を具体的に記載してください。）

3 支出した寄附金（実績判定期間及び申請書の提出日を含む事業年度開始の日から申請書の提出の日までに支出した寄附金）

支出先の名称等	住　所　等	支出金額	支出年月日	寄附の目的等
該当なし				

「総事業費のうち80％以上を特定非営利活動事業費に充てること」及び「受入寄附金総額の70％以上を特定非営利活動事業費に充てること」の両基準において、今後の特定非営利活動事業に充てるための積立金は「特定非営利活動事業費」に含めることができるでしょうか？

　「NPO法人の特定非営利活動において、その法人の将来の特定非営利活動事業に充てるために、集めた寄附金の一部を一定期間法人内部に積み立てる場合も考えられます。
　このような場合、当該積立金相当額は、活動計算書上「費用」とはなりませんが、積立金の使用目的（その法人の今後の特定非営利活動事業に充当するために法人の内部に積み立てるものであること）や事業計画、目的外取り崩しの禁止等について、理事会又は社員総会で決議するなど適正な手続きを踏んで積み立て、貸借対照表に例えば「特定資産」として計上するなどしているものであれば、いわゆる「総事業費の80％基準」や「受入寄附金の70％基準」の判定において、特定非営利活動事業費及び総事業費に含めて差し支えありません。（以下省略）。」（内閣府の手引きQ&A問48）

38 第5表の記載方法

　認定NPO法人等は、一般のNPO法人よりも、より多くの情報公開が求められています。

　認定NPO法人等は事業報告書等や定款等の他に、認定時の提出時に添付した認定等の基準に適合する旨を説明する書類や欠格事由に該当しない旨を説明する書類等、毎事業年度所轄庁に提出する役員報酬規程や前事業年度の収益の明細などについて、閲覧の請求があった場合には、正当な理由がある場合を除いて、その事務所において閲覧させなければならないことになっています。

　また、所轄庁においては、認定NPO法人等から提出を受けた上記の書類について、閲覧または謄写の請求があった時は、これを閲覧させまたは謄写させなければならないことになっています。

　ただし、この情報公開の対象になる書類の中には、認定申請時に提出した寄附者名簿は含まれていません。寄附者名簿は、役員からの寄附（親族等からの寄附を含む）で20万円以上のものを除いて、情報公開の対象からは除外されています。

　第5表では、これらの書類について、閲覧の請求があった場合には、正当な理由がある場合を除き、これをその事務所において閲覧させることについて同意を求めています。法人でこれらの書類を閲覧させることについて検討し、同意をとったうえで、「同意する」に○をすることになります。

認定基準等チェック表　（第5表）

法人名	特定非営利活動法人　ＮＰＯ会計税務専門家ネットワーク	チェック欄
\multicolumn{2}{l}{5　次に掲げる書類について閲覧の請求があった場合には、正当な理由がある場合を除きこれをその事務所において閲覧させること イ　特定非営利活動促進法第28条に規定する事業報告書等、役員名簿及び定款等 ロ　各認定基準等に適合する旨及び欠格事由に該当しない旨を説明する書類 ハ　寄附金を充当する予定の具体的な事業の内容を記載した書類 ニ　役員報酬又は職員給与の支給に関する規程 ホ　収益の明細その他の資金に関する事項、資産の譲渡等に関する事項、寄附金に関する事項その他一定の事項等を記載した書類 ヘ　助成の実績並びに海外送金等の金額及び使途並びにその予定日を記載した書類}	○

	次に掲げる書類について閲覧の請求があった場合には、正当な理由がある場合を除きこれをその事務所において閲覧させることに同意する。	同　意	
		する	しない
イ	①　事業報告書等（事業報告書、財産目録、貸借対照表、活動計算書、年間役員名簿、社員のうち10人以上の者の氏名及び住所又は居所を記した書面） ②　役員名簿 ③　定款等（定款、認証書の写し、登記事項証明書の写し）		
ロ	各認定基準等に適合する旨を説明する書類、欠格事由に該当しない旨を説明する書類		
ハ	寄附金を充当する予定の具体的な事業の内容を記載した書類		
ニ	前事業年度の役員報酬又は職員給与の支給に関する規程		
ホ	次の事項を記載した書類 ①　収益の源泉別の明細、借入金の明細その他の資金に関する事項 ②　資産の譲渡等に係る事業の料金、条件その他その内容に関する事項 ③　次に掲げる取引に係る取引先、取引金額その他その内容に関する事項 　・収益の生ずる取引及び費用の生ずる取引のそれぞれについて、取引金額の多い上位5者との取引 　・役員、社員、職員若しくは寄附者又はこれらの者の配偶者若しくは三親等以内の親族又はこれらの者と特殊の関係のある者との取引 ④　寄附者（役員、役員の配偶者若しくは三親等以内の親族又は役員と特殊の関係のある者で、当該法人に対する寄附金の額の事業年度中の合計額が20万円以上であるものに限る。）の氏名並びにその寄附金の額及び受領年月日 ⑤　給与を得た職員の総数及び当該職員に対する給与の総額に関する事項 ⑥　支出した寄附金の額並びにその相手先及び支出年月日 ⑦　海外への送金又は金銭の持出しを行った場合（その金額が200万円以下の場合に限る。）におけるその金額及び使途並びにその実施日		
ヘ	①　助成金の支給を行った場合に事後に所轄庁に提出した書類の写し ②　海外への送金又は金銭の持出し（その金額が200万円以下のものを除く。）を行う場合には事前に又は災害に対する援助等緊急を要する場合には事後に所轄庁に提出した書類の写し		

「同意する」に○をする

39　第6, 7, 8表の記載方法

　第6表は、「各事業年度において、事業報告書等を法第29条の規定により所轄庁に提出していること」という要件をクリアしていることのチェック表ですから、提出をしている場合には、「有」に○をします。

　一方、第7表は、「法令に違反する事実がないこと」、「偽りや不正の行為によって利益を得た事実又は得ようとした事実がないこと」、「そのほかにも、公益に反する事実がないこと」という要件をクリアしていることのチェック表ですから、これらの違反等をしていなければ「無」に○をすることになります。

　第8表は、「認定又は仮認定の申請書を提出した日を含む事業年度の初日において、設立の日以後1年を超える期間が経過していること」という要件を満たしているかどうかのチェック表です。設立年月日と事業年度を記載することになります。

認定基準等チェック表 (第6、7、8表)

法人名	特定非営利活動法人 NPO会計税務専門家ネットワーク

認定基準等チェック表 (第6表)

6	実績判定期間を含む各事業年度の特定非営利活動促進法第28条に規定する事業報告書等及び役員名簿並びに定款等を同法第29条の規定により所轄庁に提出していること	チェック欄 ◯

特定非営利活動促進法第28条に規定する事業報告書等及び役員名簿並びに定款等の所轄庁への提出の有無

ⓐ	ⓑ	ⓒ	ⓓ	ⓔ
㊒ ・ 無	㊒ ・ 無	有 ・ 無	有 ・ 無	有 ・ 無

認定基準等チェック表 (第7表)

7	法令又は法令に基づいてする行政庁の処分に違反する事実、偽りその他不正の行為により何らかの利益を得、又は得ようとした事実その他公益に反する事実がないこと	チェック欄 ◯

法令に違反する事実、偽りその他不正の行為により何らかの利益を得、又は得ようとした事実その他公益に反する事実の有無

ⓐ	ⓑ	ⓒ	ⓓ	ⓔ	申請時
有 ・ ㊅	有 ・ ㊅	有 ・ 無	有 ・ 無	有 ・ 無	有 ・ ㊅

※ 認定基準等チェック表 (第7表) は、法第55条第1項に基づく書類 (役員報酬規程等提出書類) の提出時に記載及び添付する必要があります。

認定基準等チェック表 (第8表)

8	申請書を提出した日を含む事業年度の初日において、その設立の日以後1年を超える期間が経過していること	チェック欄 ◯

事業年度	7月 1日〜 6月 30日	設立年月日	平成 16年 5月 24日

40 欠格事由チェック表の記載方法

　欠格事由には、大きく分けると、そのNPO法人の役員に関する欠格事由と、NPO法人自身の欠格事由があります。「欠格事由チェック表」では、1．がNPO法人の役員が欠格事由に該当した場合であり、2～6は、NPO法人自身が欠格事由に該当した場合です。

　また、欠格事由のチェック表には、4に書いてあるように納税証明書の添付が必要になります。必要となる納税証明書は、国税及び地方税の納付の有無に関わらず、主たる事務所が所在する所轄税務署長、都道府県知事及び市区町村長から交付を受けた滞納処分に係る納税証明書となります。

　また、従たる事務所で国税または地方税を納付している場合には、その従たる事務所が所在する所轄税務署長、都道府県知事または市区町村長から交付を受けた滞納処分に係る納税証明書の添付も必要になります。

　役員が認定または仮認定の取り消しを受けた他の法人の理事を兼ねていたことを知らなかったとしても、その法人は欠格事由の対象になるのでしょうか？

　「義務的取り消しであっても、欠格事由に該当する疑いがあれば即座に取り消されるわけではなく、義務的取り消しという不利益処分については、原則として所轄庁は聴聞による事実確認を行うことが必要であり、欠格事由に該当するかは聴聞を踏まえて判断されることとなります。したがって、認定または仮認定の取り消しに関する聴聞手続きが行われる前に、その役員を解任するなどの措置をとっていれば、義務的取り消しの対象とならず、欠格事由の対象とはなりません。」（内閣府の手引きQ＆A問50）

欠格事由チェック表

法人名	特定非営利活動法人 ＮＰＯ会計税務専門家ネットワーク	チェック欄
認定、仮認定又は認定の有効期間の更新の基準にかかわらず、次のいずれかの欠格事由に該当する法人は認定、仮認定又は認定の有効期間の更新を受けることができません。 1　役員のうちに、次のいずれかに該当する者がある場合 　イ　認定特定非営利活動法人が認定を取り消された場合又は仮認定特定非営利活動法人が仮認定を取り消された場合において、その取消しの原因となった事実があった日以前1年内に当該認定特定非営利活動法人又は当該仮認定特定非営利活動法人のその業務を行う理事であった者でその取消しの日から5年を経過しないもの 　ロ　禁錮以上の刑に処せられ、その執行を終わった日又はその執行を受けることがなくなった日から5年を経過しない者 　ハ　特定非営利活動促進法若しくは暴力団員不当行為防止法に違反したことにより、若しくは刑法204条等（注1）若しくは暴力行為等処罰法の罪を犯したことにより、又は国税若しくは地方税に関する法律に違反したことにより、罰金刑に処せられ、その執行が終わった日又はその執行を受けることがなくなった日から5年を経過しない者 　ニ　暴力団の構成員等（注2） 2　認定又は仮認定を取り消されその取消しの日から5年を経過しない法人 3　定款又は事業計画書の内容が法令等に違反している法人 4　国税又は地方税の滞納処分の執行がされているもの又は当該滞納処分の終了の日から3年を経過しない法人（認定、仮認定及び認定の有効期間の更新の申請時には、所轄税務署長等から交付を受けた納税証明書「その4」並びに関係都道府県知事及び市区町村長から交付を受けた滞納処分に係る納税証明書の添付が必要となります（注3）。） 5　国税に係る重加算税又は地方税に係る重加算金を課された日から3年を経過しない法人 6　次のいずれかに該当する法人 　イ　暴力団 　ロ　暴力団又は暴力団の構成員等の統制下にある法人	◯

1	役員のうち、次のいずれかに該当する者の有無	
イ	認定特定非営利活動法人が認定を取り消された場合又は仮認定特定非営利活動法人が仮認定を取り消された場合において、その取消しの原因となった事実があった日以前1年内に当該認定特定非営利活動法人又は当該仮認定特定非営利活動法人のその業務を行う理事であった者でその取消しの日から5年を経過しない者の有無	有・㊒
ロ	禁錮以上の刑に処せられ、その執行を終わった日又はその執行を受けることがなくなった日から5年を経過しない者の有無	有・㊒
ハ	特定非営利活動促進法若しくは暴力団員による不当行為防止法に違反したことにより、若しくは刑法204条若しくは暴力行為等処罰法の罪を犯したことにより、又は国税若しくは地方税に関する法律に違反したことにより、罰金刑に処せられ、その執行が終わった日又はその執行を受けることがなくなった日から5年を経過しない者の有無	有・㊒
ニ	暴力団の構成員等の有無	有・㊒

2	認定又は仮認定を取り消されその取消しの日から5年を経過しない法人	はい・㊑
3	定款又は事業計画書の内容が法令等に違反している法人	はい・㊑
4	国税又は地方税の滞納処分の執行がされているもの又は当該滞納処分の終了の日から3年を経過しない法人	はい・㊑
添付書類	認定、仮認定又は認定の有効期間の更新の申請時に、上記4に係る所轄税務署長等から交付を受けた納税証明書「その4」並びに関係都道府県知事及び市区町村長から交付を受けた滞納処分に係る納税証明書を添付すること（役員報酬規程等提出書には添付不要）	㊐・いいえ
5	国税に係る重加算税又は地方税に係る重加算金を課された日から3年を経過しない法人	はい・㊑

6	次のいずれかに該当する法人	
イ	暴力団	はい・㊑
ロ	暴力団又は暴力団の構成員等の統制下にある法人	はい・㊑

41 収益事業を行っていない場合の納税証明書

　消費税も免税事業者であり、税法上の収益事業を行っていないため法人税の申告も行っておらず、法人都道府県民税、市区町村民税も均等割の免除申請を出していて納付をしていないような場合に、納税証明書はどうすればいいのでしょうか？

　都道府県民税及び市区町村民税については、均等割の免除申請をして税金を支払っていなくても、都道府県税事務所、市役所等には法人の届出の記録はありますので、「滞納処分に係る納税証明書」は発行してもらえます。

　一方、所轄税務署長からは、「納税証明書（その４）」を発行してもらうことになりますが、この際に、法人税、消費税の申告や源泉税の納付があるなど、税務署と何らかのかかわりがある場合には、証明書をその場で出してもらえます。

　それに対して、収益事業も行っておらず、源泉もない、消費税の申告もない、つまり、過去に税務署に関係した履歴がない場合には、税務署に登記事項証明書（登記簿謄本）をもっていき、申請をすれば、「納税証明書（その４）」を発行してもらえます。

　納税証明書発行の申請は、代表者本人の場合には、本人であることを確認できる証明書（免許証など）、代表者以外の人が行く場合には委任状が必要になります。郵送で請求することも可能です。

　詳しいことは、国税局のHPや、各都道府県、市区町村のHPなどに掲載されています。国税局のHPは以下の通りです

　http://www.nta.go.jp/tetsuzuki/nofu-shomei/shomei/01.htm

税務署から発行される「納税証明書（その４）」

納　税　証　明　書
（その４　滞納処分を受けたことのない証明用）

住　所（納税地）　　東京都文京区根津１丁目１９－１４－２０１

氏　名（名　称）　　特定非営利活動法人　ＮＰＯ会計税務専門家ネットワーク

代　表　者　氏　名　理事長　岩永　清滋

　　　自　平成２１年　４月　１日
　　　　　　　　　　　　　　　　間、当署における国税の滞納により、滞納処分を受けたことがない。
　　　至　平成２４年　４月２６日

　　　　　　　　以　　下　　余　　白

微管（証明）　第０００３３４７　号

上記のとおり、相違ないことを証明します。

平成２４年　５月　８日

本郷税務署長

財務事務官　岡田　順子

920830777

41　収益事業を行っていない場合の納税証明書

寄附金を充当する予定の事業内容等

法　人　名	特定非営利活動法人　ＮＰＯ会計税務専門家ネットワーク

事　業　名	具体的な事業内容	実施予定年月	実施予定場所	従事者の予定人数	受益対象者の範囲及び予定人数	寄附金充当予定額
調査研究事業	会計ツール開発等	通年	国内	多数	不特定多数	1,000,000
普及啓発事業	情報共有・シンポジウム開催等	通年	国内	多数	不特定多数	601,400
研修事業	講師派遣等	通年	国内	多数	不特定多数	600,000
政策提言事業	NPO法改正・NPO法人会計基準等	通年	国内	多数	不特定多数	50,000

> 法人で作成した事業計画書や活動予算書をもとに、今後どのような事業を行う予定であるのかを記入する

寄附金の受入及び支出に利用する銀行口座名	
郵便振替口座	

> 口座番号まで記入する必要はありません

相対値基準の場合の申請書の作成

第 **2** 章

42 相対値基準で申請する場合に必要な書類

相対値基準で申請する場合に必要な書類は、右頁の「認定を受けるための申請書及び添付書類一覧（兼チェック表）」のうち、右側に✓がついているものです。

1号基準では、絶対値基準は、「第1表」だけが必要でしたが、相対値基準では、「第1表」以外に、「第1表付表1」、「第1表付表2」が必要になります。相対値基準の場合には、【基準限度超過額】の計算や、議決権のある正会員の会費も一部分子に算入することができるなど、計算が複雑になるために、付表が必要になります。また、相対値基準には、「小規模法人用」もありますので、第1表及び第1表付表1は「相対値基準・原則用」と、「相対値基準・小規模法人用」の2種類があります。

なお、**第2表以降は、絶対値基準と相対値基準は提出する書類は同じ**ですので、記載は省略します。

1号基準のチェック表と付表の種類		
絶対値基準	第1表（絶対値基準用）	2号基準～8号基準、欠格事由チェック表等は同じ
相対値基準・原則用	第1表（相対値基準・原則用） 第1表付表1（相対値基準・原則用） 第1表付表2（相対値基準用）	
相対値基準・小規模法人用	第1表（相対値基準・小規模法人用） 第1表付表1（相対値基準・小規模法人用） 第1表付表2（相対値基準用）	

認定を受けるための申請書及び添付書類一覧（兼チェック表）

申　請　書　・　添　付　書　類				チェック
認定特定非営利活動法人としての認定を受けるための申請書				✓
1	寄附者名簿（注）			✓
2	認定基準等に適合する旨及び欠格事由に該当しない旨を説明する書類			
	一号基準	イ、ロ、ハのいずれか1つの基準を選択してください。		
		イ	相対値基準・原則　又は　相対値基準・小規模法人	
			認定基準等チェック表（第1表　相対値基準・原則用）	✓
			認定基準等チェック表（第1表　相対値基準・小規模法人用）	
			受け入れた寄附金の明細表（第1表付表1　相対値基準・原則用）	✓
			受け入れた寄附金の明細表（第1表付表1　相対値基準・小規模法人用）	
			社員から受け入れた会費の明細表（第1表付表2　相対値基準用）	✓
		ロ	絶対値基準	
			認定基準等チェック表（第1表　絶対値基準用）	
		ハ	条例個別指定基準	
			認定基準等チェック表（第1表　条例個別指定法人用）	
	二号基準	いずれかの書類を提出することとなります。		
		認定基準等チェック表（第2表）		✓
		認定基準等チェック表（第2表　条例個別指定法人用）		
	三号基準	認定基準等チェック表（第3表）		✓
		役員の状況（第3表付表1）		✓
		帳簿組織の状況（第3表付表2）		✓
	四号基準	認定基準等チェック表（第4表）		✓
		役員等に対する報酬等の状況（第4表付表1）		✓
		役員等に対する資産の譲渡等の状況等（第4表付表2）		✓
	五号基準	認定基準等チェック表（第5表）		✓
	六〜八号基準	認定基準等チェック表（第6、7、8表）		✓
	欠格事由チェック表			✓
3	寄附金を充当する予定の具体的な事業の内容を記載した書類			✓

43 寄附者名簿の作成の手順

　絶対値基準で申請する場合と同様に相対値基準で申請する場合も寄附者名簿の作成が必要になります。

　寄附者名簿は、絶対値基準と相対値基準でカウント方法が一部異なります。寄附者名簿の作成方法は特に定められていませんが、以下のようなことに留意して作成するとよいでしょう。

① 各事業年度の寄附者名簿の金額の「合計」欄を合算した金額は、第1表の「受入寄附金総額」と一致している必要があります。したがって、会計上受取寄付金とはしていないが、PST上では受入寄附金総額として換算しているもの（助成金や賛助会費等）も含めて記載します。ただし、国の補助金等の金額は別枠で計算しますので含めません。

② 寄附者の氏名または名称が明らかでない寄附金と、実績判定期間の寄附金総額が1,000円未満の寄附金は、PST上、分子からも分母からも除外します。従って、寄附者名簿でもこれらを分けて表示する必要があります（ただし、小規模法人の特例を使う場合には分ける必要がありません）。

③ 相対値基準では、役員からの寄附も計算に含めることができます。役員からの寄附については、役員の親族からの寄附金を合算する必要があります（ただし、小規模法人の特例を使う場合には合算の必要がありません）。また、親族からの寄附金を合算した金額が20万円以上の場合には、第1表付表1に記載しなければなりません。

④ 役員及び役員以外の人からの寄附についても、基準限度額を超える可能性がある寄附者については、名寄せをしておきます。

＜法人作成の寄附者名簿から所轄庁へ提出の寄附者名簿への作成手順＞

①エクセル等で「寄附者の氏名又は名称」「住所又は事務所の所在地」「寄附金の額」「受領年月日」が記載された寄附者名簿を事業年度ごとに作成

PSTにカウントする賛助会員の会費や助成金も寄附者名簿に加える

⬇

② 匿名寄附、実績判定期間の寄附金総額が1,000円未満の寄附は分けて記載をする

「小規模法人の特例」で申告をする場合には、分けて記載する必要なし

⬇

③ 役員からの寄附は、役員の親族からの寄附を含めて名寄せ、合算をする

「小規模法人の特例」で申告をする場合には、名寄せ、合算の必要なし

⬇

④ 基準限度額を超える可能性のある寄附者については、名寄せをする

エクセルで作成した寄附者名簿

2011年7月1日～2012年6月30日

受領年月日	寄附者名	住所	金額	備考
2011.8.6	太田 久	台東区根岸1-1-1	100,000	理事
2011.8.10	田中 一郎	港区高輪3-3-3	10,000	
2011.8.10	西田 葵	千代田区神田和泉町5-5-5	5,000	
2011.8.20	中村 良	千葉市稲毛区山王7-7-7	30,000	
2011.8.25	田中 美月	港区高輪3-3-3	10,000	
2011.9.1	太田 尚子	台東区根岸1-1-1	100,000	理事の配偶者
2011.9.20	小川 修一	品川区南大井2-2-2	2,000	
2011.9.30	山口 隼人		5,000	
2011.11.25	○○株式会社	千代田区霞が関8-8-8	2,000,000	
2011.12.10	西田 葵	千代田区神田和泉町5-5-5	5,000	
2012.2.25	○○株式会社	同上	2,500,000	
………				
合　計			5,765,000	

> 寄附者名簿は事業年度ごとに作成

> 会計上寄附金としていなくても、PST上受入寄附金等として換算しているものはすべて記載

↓

役員を名寄せ・合算し、1,000円未満の寄附と匿名寄附を分けた寄附者名簿

2011年7月1日～2012年6月30日

受領年月日	寄附者名	住所	金額	備考
2011.8.6	太田 久	台東区根岸1-1-1	100,000	理事
2011.9.1	太田 尚子	台東区根岸1-1-1	100,000	理事の配偶者
太田理事合計			200,000	
2011.8.10	田中 一郎	港区高輪3-3-3	10,000	
2011.8.10	西田 葵	千代田区神田和泉町5-5-5	5,000	
2011.8.20	中村 良	千葉市稲毛区山王7-7-7	30,000	
2011.8.25	田中 美月	港区高輪3-3-3	10,000	
2011.12.10	西田 葵	千代田区神田和泉町5-5-5	5,000	
2011.11.25	○○株式会社	千代田区霞が関8-8-8	2,000,000	
2012.2.25	○○株式会社	同上	2,500,000	
………				
①小計			5,760,000	
＜実績判定期間において1,000円未満の寄附＞				
②1,000円未満の寄附合計			0	
＜匿名寄附＞				
2011.9.30	山口 隼人		5,000	
………				
③匿名寄附合計			5,000	
寄附合計(①+②+③)			5,765,000	

> 役員からの寄附については、親族等からの寄附を名寄せする
> →実績判定期間合算の金額が20万円以上である場合には、第1表付表1に記入する必要がある

> 基準限度額を超える可能性がある寄附者については名寄せをしておく

> 実績判定期間において1,000円未満の寄附、匿名寄附は、分けて表示

> 氏名だけがわかり住所がわからない場合には匿名寄附扱い

※寄附者名簿の氏名、住所は架空のものです。

> 寄附者名簿は事業年度ごとに作ります

[初回申請時のみ提出]　　　　　　　　**寄附者名簿**　　　　　　　　[閲覧対象外書類]

| 法人名 | 特定非営利活動法人NPO会計税務専門家ネットワーク | 事業年度 | 2011年7月1日～2012年6月30日 |

寄附者の氏名又は名称	住所又は事務所の所在地	寄附金の額	受領年月日
太田　久・尚子	台東区根岸1-1-1	200,000 円	2011・8・6他
田中　一郎	港区高輪3-3-3	10,000 円	2011・8・10
西田　葵	千代田区神田和泉町5-5-5	5,000 円	2011・8・10
中村　良	千葉市稲毛区山王町7-7-7	30,000 円	2011・8・20
田中　美月	港区高輪3-3-3	10,000 円	2011・8・25
西田　葵	千代田区神田和泉町5-5-5	5,000 円	2011・10・10
○○株式会社	千代田区霞が関8-8-8	2,000,000 円	2011・11・25
○○株式会社	千代田区霞が関8-8-8	2,500,000 円	2012・2・25
・・・・・	・・・・・	円	・・・
小計		5,760,000 円	
		円	
匿名寄附		5,000 円	
		円	
合計		5,765,000 円	・・・

- 役員からの寄附も含めて構わないが、実績判定期間で20万円以上の場合には、第1表付表1に記載
- 匿名寄附、1,000円未満の寄附は分けて表示（匿名寄附×口　×××円　のような記載でも可）
- 事業年度ごとに作成する寄附者名簿の「合計」欄をすべて合算した金額は、第1表の「受入寄附金総額」と一致

44 相対値基準の第1表の上半分の記載方法

　相対値基準の第1表には「原則用」と「小規模法人用」がありますので、まずは「原則用」からみていくことにします。

　相対値基準の第1表の上半分は、PSTの分母の金額（＝経常収入金額）を計算します。

　㋐の「総収入金額」には、合算活動計算書の経常収益計と経常外収益計の合計金額を記載します。その他の事業がある場合には、その他の事業の分も合算します。

　㋑から㋒が総収入金額から控除する金額です。

　㋑は国の補助金等の金額で、分子に算入するという選択をした場合には、記入できません。

　㋒は国等からの受託事業収入の合計金額を記入します。

　㋓でいう「法律等の規定に基づく事業」とは、介護保険事業や障害者自立支援法に基づく事業などをいいます。介護保険事業の場合には、1割の本人負担以外の半額を介護保険会計が、半額を国及び地方自治体が負担していますので、㋓で控除できるのは、国及び地方自治体が負担している部分です。障害者自立支援法の介護給付費や訓練等給付費は1割の本人負担部分以外は市町村からの代理受領部分ですので、ここで引くことができます。

　㋔は、固定資産や有価証券の売却収入を記入しますが、活動計算書で、「固定資産売却益」を収益に計上している場合には、売却益を記入します。

　㋕は、遺贈により受け入れた寄附がある場合で、基準限度超過額を超えている場合にその部分をPSTの計算から除くために記入します。

　㋖と㋗は、分子からも分母からも引くことでPSTの計算から除きます。

認定基準等チェック表 （第1表 相対値基準・原則用）

| 法人名 | 特定非営利活動法人 NPO会計税務専門家ﾈｯﾄﾜｰｸ | 実績判定期間 | 2010年 7月 1日 ～ 2012年 6月 30日 |

1 経常収入金額のうちに寄附金等収入金額の占める割合が、実績判定期間（注意事項参照）において5分の1（20％）以上であること。　　　チェック欄 ○

（PSTの分母の金額を計算）

			実績判定期間
経常収入金額 （㋐の金額）		①	9,529,173 円

総収入金額		㋐	9,551,057 円
控除金額	国の補助金等の金額（㋚欄に金額の記載がある場合は、記入不可）	㋑	円
	委託の対価としての収入で国等から支払われるものの金額	㋒	円
	法律等の規定に基づく事業で、その対価を国又は地方公共団体が負担することとされている場合の負担金額	㋓	円
	資産の売却収入で臨時的なものの金額	㋔	円
	遺贈により受け入れた寄附金等のうち基準限度超過額に相当する金額（付表1（相対値基準・原則用））㋙欄の「（ ）」	㋕	円
	寄附者の氏名(法人の名称)等が明らかなもののうち、同一の者からの寄附金でその合計額が1千円未満のものの額（付表1（相対値基準・原則用）㋩欄）	㋖	円
	寄附者の氏名(法人の名称)等が明らかでない寄附金額（付表1（相対値基準・原則用）㋥欄）	㋗	21,884 円
差引金額 （㋐－㋑－㋒－㋓－㋔－㋕－㋖－㋗）		㋘	9,529,173 円 ⇒①

寄附金等収入金額 （㋞の金額）		②	3,776,376 円
受入寄附金総額（付表1（相対値基準・原則用）Ⓐ欄）		㋙	6,281,884 円
一者当たり基準限度超過額の合計額（付表1（相対値基準・原則用）㋙欄）		㋚	4,371,812 円
控除金額	寄附者の氏名(法人の名称)等が明らかなもののうち、同一の者からの寄附金でその合計額が1千円未満のものの額（付表1（相対値基準・原則用）㋩欄）	㋛	円
	寄附者の氏名(法人の名称)等が明らかでない寄附金額（付表1（相対値基準・原則用）㋥欄）	㋜	21,884 円
差引金額 （㋙－㋚－㋛－㋜）		㋝	1,888,188 円
会費収入（㋝欄と付表2（相対値基準用）㋺欄のうちいずれか少ない金額）		㋞	1,888,188 円
国の補助金等の金額（㋝欄の金額を限度とする。）		㋟	円
合計金額 （㋝＋㋞＋㋟）			3,776,376 円 ⇒②

| 基準となる割合 （②÷①） | | ③ | 39.6 ％ |

合算活動計算書の経常収益計と経常外収益計の合計金額を記載

国等からの補助金・委託事業を分母から除くことができる

1,000円未満の寄附、匿名寄附は分母からも分子からも除く

44 相対値基準の第1表の上半分の記載方法　135

45 相対値基準の第1表の下半分の記載方法

　相対値基準の第1表の下半分では、PSTの分子の金額（＝寄附金等収入金額）を計算します。

　㋙の「受入寄附金総額」は、受取寄付金、受取助成金等や、PST上寄附金とした賛助会費の合計額です。国や地方公共団体等からの補助金等は含めません。㋙の金額は、実績判定期間中のすべての寄附者名簿の「合計」欄を合算した金額と一致します。

　㋚から㋜は、受入寄附金総額から控除される金額で、㋚の基準限度超過額は、寄附者名簿を基にして、各寄附者の実績判定期間中の寄附金の額の合計額が基準限度額を超えている場合に、その超えている部分を付表1で計算します。㋛と㋜は、1千円未満の寄附と匿名寄附で、上半分の㋖、㋗と同じ金額を記載します。

　㋝は会費収入です。会費の名簿等を基にして、共益活動の割合を控除して、付表2で計算します。ただし、記載できるのは、㋜の金額が限度になります。

　㋞は国の補助金等の金額ですが、これも記載できるのは㋜の金額までが限度です。また㋑に記載した場合には、記載ができません。

　第1表の作成にあたっては、第1部のP.65「勘定科目対比表」を参考にしてください。

認定基準等チェック表 (第1表 相対値基準・原則用)

| 法人名 | 特定非営利活動法人 NPO会計税務専門家ネットワーク | 実績判定期間 | 2010年 7月 1日～2012年 6月30日 |

1　経常収入金額のうちに寄附金等収入金額の占める割合が、実績判定期間 (注意事項参照) において5分の1 (20％) 以上であること。　　チェック欄 ◯

			実績判定期間
経常収入金額 (ケの金額)		①	9,529,173 円

総収入金額		ア	9,551,057	円
控除金額	国の補助金等の金額 (ウ欄に金額の記載がある場合は、記入不可)	イ		円
	委託の対価としての収入で国等から支払われるものの金額	ウ		円
	法律等の規定に基づく事業で、その対価を国又は地方公共団体が負担することとされている場合の負担金額	エ		円
	資産の売却収入で臨時的なものの金額	オ		円
	遺贈により受け入れた寄附金等のうち基準限度超過額に相当する金額 (付表1 (相対値基準・原則用) F欄の「( )」)	カ		円
	寄附者の氏名 (法人の名称) 等が明らかなもののうち、同一の者からの寄附金でその合計額が1千円未満のものの額 (付表1 (相対値基準・原則用) H欄)	キ		円
	寄附者の氏名 (法人の名称) 等が明らかでない寄附金額 (付表1 (相対値基準・原則用) D欄)	ク	21,884	円
差引金額 (ア－イ－ウ－エ－オ－カ－キ－ク)		ケ	9,529,173	円 ⇒①

| 寄附金等収入金額 (テの金額) | | ② | 3,776,376 円 |

受入寄附金総額 (付表1 (相対値基準・原則用) A欄)		コ	6,281,884	円
控除金額	一者当たり基準限度超過額の合計額 (付表1 (相対値基準・原則用) J欄)	サ	4,371,812	円
	寄附者の氏名 (法人の名称) 等が明らかなもののうち、同一の者からの寄附金でその合計額が1千円未満のものの額 (付表1 (相対値基準・原則用) H欄)	シ		円
	寄附者の氏名 (法人の名称) 等が明らかでない寄附金額 (付表1 (相対値基準・原則用) D欄)	ス	21,884	円
差引金額 (コ－サ－シ－ス)		セ	1,888,188	円
会費収入 (セ欄と付表2 (相対値基準用) ④欄のうちいずれか少ない金額)		ソ	1,888,188	円
国の補助金等の金額 (セ欄の金額を限度とする。)		タ		円
合計金額 (セ+ソ+タ)		テ	3,776,376	円 ⇒②

| 基準となる割合 (②÷①) | | ③ | 39.6 ％ |

- 寄附金の総額を記載。受取寄付金、受取助成金など。実績判定期間中のすべての寄附者名簿の「合計」欄を合算した金額
- 付表1から転記
- PSTの分子の金額を計算
- 付表2で計算した金額とセの金額のいずれか少ない金額

45　相対値基準の第1表の下半分の記載方法　137

第1表の作成手順

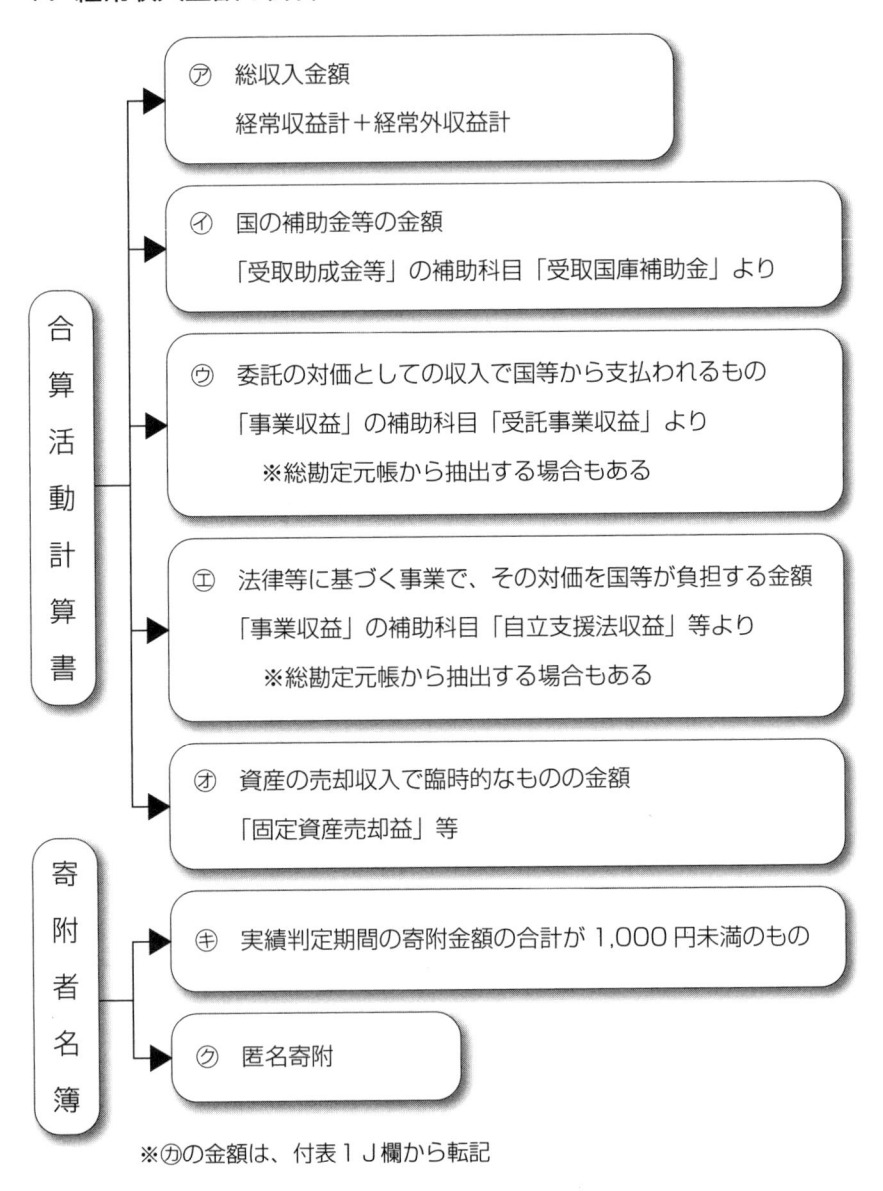

1．経常収入金額の計算

合算活動計算書
- ㋐ 総収入金額
  経常収益計＋経常外収益計
- ㋑ 国の補助金等の金額
  「受取助成金等」の補助科目「受取国庫補助金」より
- ㋒ 委託の対価としての収入で国等から支払われるもの
  「事業収益」の補助科目「受託事業収益」より
  ※総勘定元帳から抽出する場合もある
- ㋓ 法律等に基づく事業で、その対価を国等が負担する金額
  「事業収益」の補助科目「自立支援法収益」等より
  ※総勘定元帳から抽出する場合もある
- ㋔ 資産の売却収入で臨時的なものの金額
  「固定資産売却益」等

寄附者名簿
- ㋖ 実績判定期間の寄附金額の合計が1,000円未満のもの
- ㋗ 匿名寄附

※㋕の金額は、付表1J欄から転記

2．寄附金等収入金額の計算

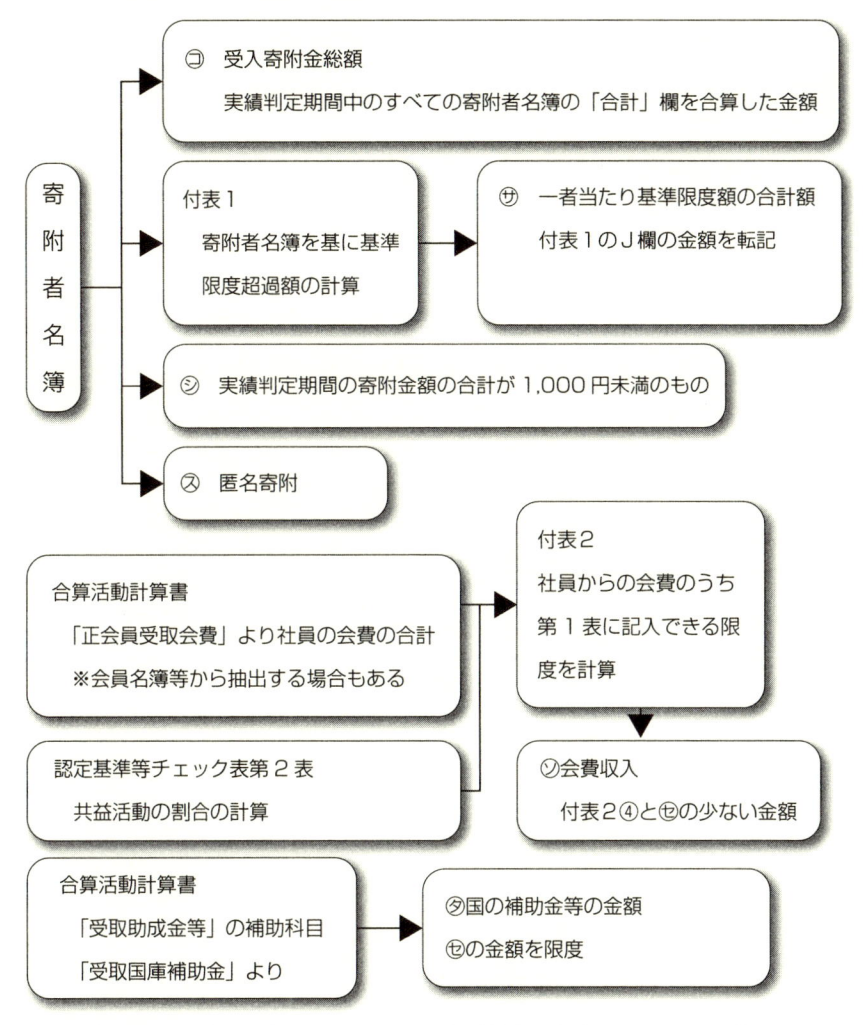

寄附者名簿
- ㋙ 受入寄附金総額
  実績判定期間中のすべての寄附者名簿の「合計」欄を合算した金額
- 付表1
  寄附者名簿を基に基準限度超過額の計算
  → ㋚ 一者当たり基準限度額の合計額
  　付表1のJ欄の金額を転記
- ㋛ 実績判定期間の寄附金額の合計が1,000円未満のもの
- ㋜ 匿名寄附

合算活動計算書
「正会員受取会費」より社員の会費の合計
※会員名簿等から抽出する場合もある
→ 付表2
社員からの会費のうち第1表に記入できる限度を計算
↓
㋝会費収入
付表2④と㋠の少ない金額

認定基準等チェック表第2表
共益活動の割合の計算

合算活動計算書
「受取助成金等」の補助科目
「受取国庫補助金」より
→ ㋞国の補助金等の金額
㋠の金額を限度

活動計算書の科目名で記載しています。収支計算書の場合には、P.65 を参照ください。

46　第1表付表1の記載方法

　第1表付表1は、「受け入れた寄附金の明細表」です。

　「受入寄附金総額」を、まず「2．寄附者の氏名及びその住所が明らかでない寄附金」と、「3．寄附者の氏名及びその住所が明らかな寄附金」に分けます。次に「3．寄附者の氏名及びその住所が明らかな寄附金」については、「役員等からの寄附金で、その金額が20万円以上のもの」「特定公益増進法人、認定特定非営利活動法人からの寄附金」、「その他」、「同一の者からの寄附金の額が1千円未満のもの」の4つに分け、それぞれⒺ①欄、Ⓕ①欄、Ⓖ①欄、Ⓗ①欄にその合計額を記入します。Ⓘ①欄には、ⒺからⒽ欄の①欄の合計を記入します。

　また、「役員等からの寄附金で、その金額が20万円以上のもの」については、公開書類になりますので、役員ごとに、役員の氏名、役職、寄附金額等を記載します。

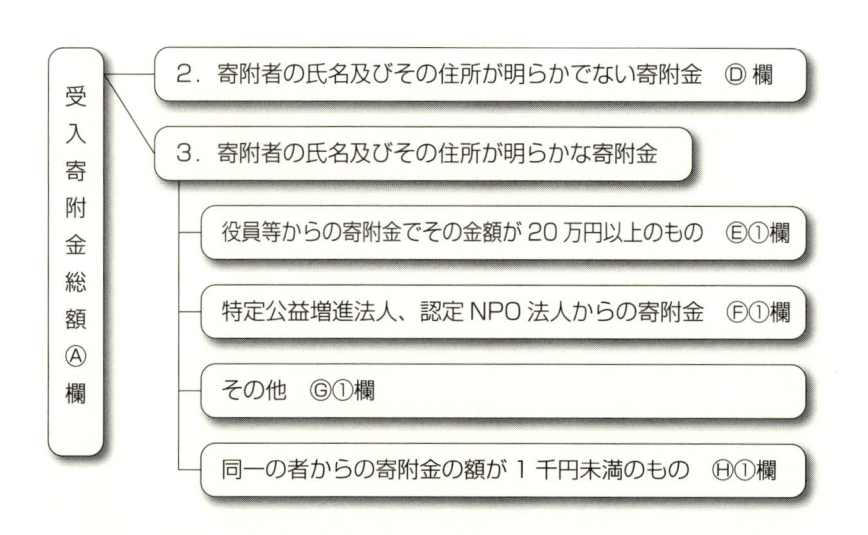

受入寄附金総額Ⓐ欄
- 2．寄附者の氏名及びその住所が明らかでない寄附金　Ⓓ欄
- 3．寄附者の氏名及びその住所が明らかな寄附金
  - 役員等からの寄附金でその金額が20万円以上のもの　Ⓔ①欄
  - 特定公益増進法人、認定NPO法人からの寄附金　Ⓕ①欄
  - その他　Ⓖ①欄
  - 同一の者からの寄附金の額が1千円未満のもの　Ⓗ①欄

第1表付表1のもう一つの機能は、第1表のサ欄に転記する「基準限度超過額」の計算をすることです。

　「基準限度超過額」を計算するために、まずは、Ⓐ欄に、受入寄附金総額を記入し、Ⓑ欄にはⒶ欄の10％、Ⓒ欄にはⒶ欄の50％を記入します。特定公益増進法人、認定NPO法人からの寄附金の基準限度額は受入寄附金総額の50％、それ以外の個人や団体からの寄附の基準限度額は、受入寄附金総額の10％となっています。

　次に、実績判定期間中の寄附者名簿の中から、基準限度額を超える寄附を受けている個人や団体を抜き出して、実績判定期間中で名寄せをして、各人ごとに基準限度超過額を計算します。その際に、「役員からの寄附で20万円以上のもの」「特定公益増進法人、認定NPO法人からの寄附」と「それ以外の寄附」は分けて計算をします。

　基準限度超過額を計算したら、役員からの寄附については、各人ごと、それ以外の寄附についてはⒻ､Ⓖの③欄に記入します。

　Ⓕ②欄とⒼ②欄は、①から③を差し引いた金額を記入します。Ⓙ欄は、ⒺからⒽの③欄の合計を記入し、さらに第1表のサ欄に転記します。

　＠PROの場合には、郵便事業株式会社の年賀寄附金を2事業年度にわたってもらっていました。この寄附金のトータル500万円が、基準限度額である628,188円を超えますので、超えた部分の4,371,812円が「基準限度超過額」となります（第1表付表1Ⓖ③欄、Ⓙ欄、第1表のサ欄の金額）。

1 基準限度額の計算

受入寄附金総額	Ⓐ	6,281,884 円
基準限度額（受人寄附金総額の10％相当額（Ⓐ×10％））	Ⓑ	628,188 円
基準限度額（受人寄附金総額の50％相当額（Ⓐ×50％））	Ⓒ	円

寄附者名簿

法人名	特定非営利活動法人NPO会計税務専門家ネットワーク	事業年度	2010年07月01日～2011年06月30日

寄附者の氏名又は名称	住所又は事務所の所在地	寄附金の額	受領年月日
・・・	・・・	・・・ 円	・・・
郵便事業株式会社	千代田区×××	500,000 円	2011・2・27
・・・	・・・	・・・ 円	・・・

＋

法人名	特定非営利活動法人NPO会計税務専門家ネットワーク	事業年度	2011年07月01日～2012年06月30日

寄附者の氏名又は名称	住所又は事務所の所在地	寄附金の額	受領年月日
・・・	・・・	・・・ 円	・・・
郵便事業株式会社	千代田区×××	2,000,000 円	2011・11・25
郵便事業株式会社	千代田区×××	2,500,000 円	2012・02・25
・・・	・・・	・・・ 円	・・・

G欄：その他（基準限度額＝628,188円）

寄附者の氏名又は名称	寄附金の額	基準限度額	基準限度超過額
郵便事業株式会社	5,000,000 円	628,188 円	4,371,812 円

各事業年度ごとに作成している寄附者名簿のうち、基準限度額を超える寄附者については、名寄せをして実績判定期間中で合算した寄附金の額を出す

基準限度額を記載

各人ごとに基準限度超過額を計算し、それを合算した金額を③に記載

受け入れた寄附金の明細表

第1表付表1（相対値基準・原則用）

法人名	特定非営利活動法人 NPO会計税務専門家ネットワーク	実績判定期間	2010年 7月 1日 ～ 2012年 6月 30日

1 基準限度額の計算

（第1表㋙の金額）

受　入　寄　附　金　総　額	Ⓐ	6,281,884 円
基準限度額（受入寄附金総額の１０％相当額（Ⓐ×１０％））	Ⓑ	628,188 円
基準限度額（受入寄附金総額の５０％相当額（Ⓐ×５０％））	Ⓒ	円

2 寄附者の氏名（法人・団体にあっては、その名称）及びその住所が明らかでない寄附金

Ⓐのうち寄附者の氏名（法人・団体にあっては、その名称）及びその住所が明らかでない寄附金の額	Ⓓ	21,884 円

3 寄附者の氏名（法人・団体にあっては、その名称）及びその住所が明らかな寄附金

役員の氏名	役職	①　寄附金額	②　①欄とⒷ（特定公益増進法人、認定特定非営利活動法人についてはⒸ）欄のいずれか少ない金額	③　①のうち基準限度超過額（①－②）
太田　久・尚子	理事	( ) 200,000 円	( ) 200,000 円	( ) 0 円
		( ) 円	( ) 円	( ) 円
		( ) 円	( ) 円	( ) 円
		( ) 円	( ) 円	( ) 円
役員等からの寄附金の額が20万円以上のものの合計額	Ⓔ	200,000 円	200,000 円	0 円
Ⓕ欄以外の同一の者からの寄附金の額が1千円以上のものの合計額	特定公益増進法人、認定特定非営利活動法人　Ⓕ			
	Ⓕ欄以外の者　Ⓖ	( ) 6,060,000 円	( ) 1,688,188 円	( ) 4,371,812 円
同一の者からの寄附金の額が1千円未満のものの合計額	Ⓗ	( ) 円		
合　計（Ⓔ＋Ⓕ＋Ⓖ＋Ⓗ）		Ⓘ ( ) 6,260,000 円		Ⓙ ( ) 4,371,812 円

役員等からの寄附で20万円以上のものは各人ごとに寄附金額と基準限度超過額を記載

第1表㋔㋚の金額

第1表㋖㋛の金額

47 第1表付表2の記載方法

　第1表付表2は、社員（議決権のある会員）からの会費を、PSTの分子に算入する場合に必要となる付表です。

　社員の会費をPSTの分子に算入するためには、「社員の会費の額が合理的な基準により定められていること」、「社員（役員等を除く）の数が20人以上であること」が条件になっていますので、その根拠と判定結果を1.に記載します。

　イの欄には、例えば、「定款（又は会則）第○条に社員の会費の額については、一律○円と規定」のように、基準を満たしている旨を証する書類の名称と、合理的な基準により定められている旨を記載します。

　ロの欄には、例えば、「社員名簿に○名登載」のように記載します。

　2.の①には、社員の会費の額の合計額、②には、第2表で計算する共益的活動の割合を記載し、まず①に②を乗じて③を計算します。次に①から③を差し引いて、④を計算します。これが社員の会費の額で、PSTの分子に算入できる金額の限度になります。

　PSTの分子に算入できる金額は、第1表で計算した㈦の金額が限度額ですので、この付表2の④の金額と比較していずれか少ない金額を第1表の㋑に記入します。

　＠PROの場合には、正会員の会費は2,995,000円（合算活動計算書から転記）ですが、第2表で計算した共益割合の5.2％分を除いた2,839,260円を④の欄に記入しています。しかし、第1表に記載できる正会員の会費収入は、第1表㈦欄の1,888,188円が限度ですので、1,888,188円を第1表の㋑欄に記入しています。

社員から受け入れた会費の明細表

第1表付表2（相対値基準用）

法人名	特定非営利活動法人 NPO会計税務専門家ネットワーク	実績判定期間	2010年 7月 1日 ～ 2012年 6月 30日

1　社員の会費に関する基準

社員の会費の額を分子に算入する場合は、実績判定期間において、次のイとロの基準を満たす必要があります。

	基　準	基準を満たしている旨を証する書類の名称とその内容等	判　定
イ	社員の会費の額が合理的な基準により定められている	会費規程〇条に社員の会費の額は一律5,000円と規定	(はい)・いいえ
ロ	社員（役員等を除く。）の数が20人以上である	社員名簿に300名登録	(はい)・いいえ

※　イとロの基準を満たしている場合は、「2　社員の会費の額の受入寄附金算入限度額の計算」を行ってください。

2　社員の会費の額の受入寄附金算入限度額の計算

社員の会費の額の合計額 ・・・・・・・	①	2,995,000
共益的活動の割合（第2表③欄）・・・・・	②	5.2%
①から控除する金額（①×②）・・・・・	③	155,740
差　引　金　額（①－③）・・・・・・・	④	2,839,260

①欄について：合算活動計算書の正会員受取会費の金額を記載

④欄について：
⇓
第1表（相対値基準・原則用）②欄又は、
第1表（相対値基準・小規模法人用）⑨欄へ

第1表 ⓥ に転記（原則用の場合）。ただし、ⓥ に記入できる金額は第1表の「ⓣ」の金額が限度

47　第1表付表2の記載方法

48 小規模法人の特例とは？

　PSTを相対値基準で申請をする場合の第1表と第1表付表には「原則用」以外に「小規模法人用」があります。「小規模法人用」はどのような場合に使用することができ、「原則用」とどこが違うのでしょうか？

　「小規模法人用」で申請をすることができるのは、次の2つの要件を満たしている場合です。

1　実績判定期間における年間平均収入額＜800万円
2　実績判定期間において受け入れた寄附金の合計額が3,000円以上である寄附者（役員・社員を除く）の数≧50人

　この2つの要件を満たしているかどうかを記入するのが、小規模法人用の第1表の1と2です。

　小規模法人用が原則用と違うのは以下の2点です。
・PSTの分子の基準限度額の計算で、「役員からの寄附金は、その親族からの寄附金を合算する」という計算が不要になる。
・「PSTの分子、分母から1,000円未満の寄附、匿名寄附を控除する」という計算が不要になる。

　そのため、小規模法人用の第1表、第1表付表1には、原則用にはある、「寄附者の氏名等が明らかなもののうち、同一の者からの寄附金でその合計額が1千円未満の者の額」、「寄附者の氏名（法人の名称）等が明らかでない寄附金額」の欄がありません。

　@PROの場合には、1と2の要件を満たしているので、小規模法人用で申請できます。その場合には、寄附者名簿で匿名寄附や1,000円未満の寄附を分けたり、役員の親族を合算したりする必要がなくなります。

認定基準等チェック表 （第1表　相対値基準・小規模法人用）

| 法人名 | 特定非営利活動法人 NPO会計税務専門家ネットワーク | 実績判定期間 | 2010年7月1日～2012年6月30日 |

実績判定期間（注意事項参照）における下欄3の㋖欄の金額に占める㋘欄の金額の割合（㋜欄）が、5分の1（20％）以上であること　　チェック欄　○

小規模法人の判定

1

$$\frac{実績判定期間の総収入金額\ 9,551,057円}{実績判定期間の月数\ 24月} \times 12 = Ⓐ\ 4,775,528円$$

Ⓐが800万円未満である　　はい → 2 へ　　いいえ → 小規模法人の例計算・・・適用不可

2 実績判定期間において受け入れた寄附金の合計額が3千円以上の寄附者（役員、社員を除く。）の数が50人以上である
- はい → 小規模法人の特例計算・・・適用可 3 へ
- いいえ → 小規模法人の特例計算・・・適用不可

3 小規模法人の特例計算を適用する場合

			金額
総収入金額		㋐	9,551,057 円
控除金額	国の補助金等の額（㋜欄に金額の記載がある場合は、記入不可）	㋑	円
	委託の対価としての収入で国等から支払われるものの金額	㋒	円
	法律等の規定に基づく事業で、その対価を国又は地方公共団体が負担することとされている場合の負担金額	㋓	円
	資産の売却収入で臨時的ものの金額	㋔	円
	遺贈により受け入れた寄附金等のうち、基準限度超過額に相当する金額（付表1（相対値基準・小規模法人用）㋺欄の「（ ）」）	㋕	円
差引金額　（㋐－㋑－㋒－㋓－㋔－㋕）		㋖	9,551,057 円

			金額
受入寄附金総額（付表1（相対値基準・小規模法人用）Ⓐ欄）		㋗	6,281,884 円
控除金額	一者当たり基準限度超過額の合計額（付表1（相対値基準・小規模法人用）㋺欄）	㋘	4,371,812 円
差引金額　（㋗－㋘）		㋙	1,910,072 円
会費収入（㋵欄 付表2（相対値基準）④欄のうちいずれか少ない金）		㋚	1,910,072 円
国の補助金等の金額（㋙欄の金額を限度とする）		㋛	円
合計金額　（㋙＋㋚＋㋛）		㋞	3,820,144 円

| 基準となる割合　（㋞÷㋖） | ㋜ | 39.9 % |

1,000円未満の寄附、匿名寄附を分子・分母から控除する計算が不要なため、その欄がない

48　小規模法人の特例とは？　　147

受け入れた寄附金の明細表　第1表付表1（相対値基準・小規模法人）

| 法人名 | 特定非営利活動法人　NPO会計税務専門家ネットワーク | 実績判定期間 | 2010年7月1日～2012年6月30日 |

1　基準限度額の計算

受　入　寄　附　金　総　額	Ⓐ	6,281,884 円
基準限度額（受入寄附金総額の10％相当額（Ⓐ×10％））	Ⓑ	628,188 円
基準限度額（受入寄附金総額の50％相当額（Ⓐ×50％））	Ⓒ	円

2　受入寄附金総額の内訳

役員の氏名	役職	①　寄附金額	②　①欄とⒷ（特定公益増進法人、認定特定非営利活動法人にあってはⒸ）欄のいずれか少ない金額	③　①のうち基準限度超過額（①－②）
		(　　　)　円	(　　　)　円	(　　　)　円
		(　　　)　円	(　　　)　円	(　　　)　円
		(　　　)　円	(　　　)　円	(　　　)　円
		(　　　)　円	(　　　)　円	(　　　)　円
		(　　　)　円	(　　　)　円	(　　　)　円
役員からの寄附金の額が20万円以上のものの合計額	Ⓓ	(　　　)　円	(　　　)　円	(　　　)　円
Ⓓ欄以外の同一の者からの寄附金の額の合計額	特定公益増進法人、認定特定非営利活動法人　Ⓔ	円	円	円
	Ⓔ欄以外の者　Ⓕ	(　　　)　6,260,000 円	(　　　)　1,888,188 円	(　　　)　4,371,812 円
合　計　(Ⓓ+Ⓔ+Ⓕ)	Ⓖ	(　　　)　6,260,000 円		Ⓗ　(　　　)　4,371,812 円

> 役員からの寄附はその親族からの寄附を合算する計算が不要になるので、役員本人からの寄附が20万円以上でなければ記載の必要なし

> 1,000円未満の寄附、匿名寄附を分子・分母から控除する計算が不要なため、その欄がない

（注意事項）
　①～③の各欄の「（　）」には、遺贈（贈与者の死亡により効力を生ずる贈与を含みます。）により受け入れた寄附金又は贈与者の被相続人に係る相続の開始があったことを知った日の翌日から十月以内に当該相続により当該贈与者が取得した財産の全部又は一部を当該贈与者から贈与（贈与者の死亡により効力を生ずる贈与を除きます。）により受け入れた寄附金の額を記載してください。

<参考>

絶対値基準、相対値基準原則用、小規模法人用では、役員からの寄附や匿名寄附、少額の寄附についての扱いが少しずつ異なります。下記に違いをまとめることにします。

	絶対値基準	相対値基準	
		原則用	小規模法人用
役員からの寄附	寄附者の数から除外する	除外しない ただし、20万円以上の寄附は第1表付表1に記載	同左
役員の親族からの寄附	生計を一にしていれば合算	配偶者及び3親等以内の親族、特殊の関係にある者からの寄附は合算	合算しない
計算から除外	匿名寄附 各事業年度中に年3,000円未満の寄附者	匿名寄附 実績判定期間中に1,000円未満の寄附	匿名寄附も、少額の寄附も計算から除外しない

49 相対値基準で申請する場合に必要な書類

相対値基準で申請する場合と絶対値基準で申請する場合では、第2表以下の書類についてはまったく同じです。

以下にその書類と参照箇所を示すことにします。

活動の対象に関する基準	認定基準等チェック表（第2表）	P.103
運営組織及び経理に関する基準	認定基準等チェック表（第3表）	P.106
	役員の状況（第3表付表1）	P.107
	帳簿組織の状況（第3表付表2）	P.109
事業活動に関する基準	認定基準等チェック表（第4表）	P.111
	役員等に対する報酬等の状況（第4表付表1）	P.114
	役員等に対する資産の譲渡等の状況等（第4表付表2）	P.115
情報公開に関する基準	認定基準等チェック表（第5表）	P.119
事業報告書等の提出に関する基準	認定基準等チェック表（第6,7,8表）	P.121
不正行為等に関する基準		
設立後の経過期間に関する基準		
欠格事由チェック表		P.123
寄附金を充当する予定の具体的な事業の内容を記載した書類		P.126

条例個別指定基準で申請する場合の申請書の作成

第 **3** 章

50 条例個別指定基準で申請する場合に必要な書類

　条例個別指定基準で申請をする場合には、絶対値基準や相対値基準のように寄附者の数や寄附金の割合によって１号基準であるPST基準を判断しないため、寄附者の名簿の添付は必要ありません。ですが、条例個別指定基準で申請するNPO法人には寄附者名簿を作成する必要がないというわけではありません。認定NPO法人は、毎事業年度開始の日から３月以内に前事業年度の寄附者名簿を作成し、５年間保存しておく義務があるためです（P.33参照）。

　第１表は、PST基準を満たしていることのチェック表ですが、条例個別指定基準の場合には、指定を受けていることを確認する表となっています。

　第２表は、絶対値基準、相対値基準で申請する場合と異なります。これは、絶対値基準、相対値基準では、特定の地域に居住する者にのみ便益が及ぶ活動は共益的活動になりますが、条例個別指定基準の場合には、便益の及ぶ者が地縁に基づく地域に居住する者等であるような活動については共益的活動にならないためです。

　第３表以降の書類については、絶対値基準、相対値基準で申請する場合と同じ書類になります。

認定を受けるための申請書及び添付書類一覧（兼チェック表）

申請書・添付書類			チェック
認定特定非営利活動法人としての認定を受けるための申請書			✓
1 寄附者名簿（注）			
2 認定基準等に適合する旨及び欠格事由に該当しない旨を説明する書類			
一号基準	イ、ロ、ハのいずれか1つの基準を選択してください。		
	イ 相対値基準・原則　又は　相対値基準・小規模法人		
		認定基準等チェック表（第1表　相対値基準・原則用）	
		認定基準等チェック表（第1表　相対値基準・小規模法人用）	
		受け入れた寄附金の明細表（第1表付表1　相対値基準・原則用）	
		受け入れた寄附金の明細表（第1表付表1　相対値基準・小規模法人用）	
		社員から受け入れた会費の明細表（第1表付表2　相対値基準用）	
	ロ 絶対値基準		
		認定基準等チェック表（第1表　絶対値基準用）	
	ハ 条例個別指定基準		
		認定基準等チェック表（第1表　条例個別指定法人用）	✓
二号基準	いずれかの書類を提出することとなります。		
	認定基準等チェック表（第2表）		
	認定基準等チェック表（第2表　条例個別指定法人用）		✓
三号基準	認定基準等チェック表（第3表）		✓
	役員の状況（第3表付表1）		✓
	帳簿組織の状況（第3表付表2）		✓
四号基準	認定基準等チェック表（第4表）		✓
	役員等に対する報酬等の状況（第4表付表1）		✓
	役員等に対する資産の譲渡等の状況等（第4表付表2）		✓
五号基準	認定基準等チェック表（第5表）		✓
六〜八号基準	認定基準等チェック表（第6、7、8表）		✓
欠格事由チェック表			✓
3 寄附金を充当する予定の具体的な事業の内容を記載した書類			✓

（注意事項）
　条例個別指定基準に適合する法人は、寄附者名簿の添付は必要ありません（法44②ただし書）。

51 条例個別指定基準で申請する場合に必要なこと

　条例個別指定基準で申請をする場合には、法人の事務所が所在する都道府県または市区町村が独自に、地方税の寄附金税額控除の対象となるNPO法人を個別に指定する条例が必要です。

　個別指定条例は、平成24年4月1日現在まだ大部分の都道府県、市区町村にはありませんが、都道府県単位では第一号で、神奈川県が「県指定NPO法人制度」として、個別指定条例をつくりましたので、神奈川県の制度を基にして説明します。

① 神奈川県の指定NPO法人になるために、県へ申出書等を提出します。県は、申出書等の受理後、法人の名称等を公告するとともに、申出書類について縦覧（1か月）します。
② 県知事は、審査会（第三者機関）に指定に係る審査を諮問し、審査会からの答申（審査結果）を受けます。県知事は、審査会の答申を受けたときは、審査会の審査結果について公表します。
③ 県知事は、法人を条例で指定するために、指定のために必要な手続（議案提出）を行います。
④ 県議会で議案が可決された場合に、指定NPO法人になります。

　神奈川県に事務所がある法人が条例個別指定基準で申請する場合には、まず、神奈川県の指定NPO法人になったうえで、所轄庁に認定NPO法人の申請をすることになります。

認定特定非営利活動法人としての認定を受けるための申請書

受付印

平成　年　月　日

東京都知事・市長　殿

主たる事務所の所在地	〒113-0031　東京都文京区根津1-19-14-201　電話（03）3827 － 9127　FAX（03）5814 － 5332	
（フリガナ）	トクテイヒエイリカツドウホウジン　エヌピーオーカイケイゼイムセンモンカネットワーク	
申請者の名称	特定非営利活動法人　ＮＰＯ会計税務専門家ネットワーク	
（フリガナ）	イワナガ　キヨシゲ	
代表者の氏名	岩永　清滋　㊞	
設立年月日	平成16年5月24日	本申請において適用するパブリックサポートテスト基準
事業年度	7月1日～6月30日	
過去の認定の有無（過去の認定の有効期間）（過去に認定した所轄庁）	有・㊉無　〔自　年　月　日　至　年　月　日〕　（　　　　）	☐ 相対値基準・原則 ☐ 相対値基準・小規模法人 ☐ 絶対値基準 ☑ 条例個別指定法人
過去の仮認定の有無（仮認定を受けた日）（過去に仮認定した所轄庁）	有・㊉無　（　年　月　日）（　　　　）	
認定取消の有無（取消日）（取り消した所轄庁）	有・㊉無　（　年　月　日）（　　　　）	
仮認定取消の有無（取消日）（取り消した所轄庁）	有・㊉無　（　年　月　日）（　　　　）	

特定非営利活動促進法第44条第1項の認定を受けたいので申請します。

（現に行っている事業の概要）
NPOに関する会計税務の研究、普及、支援に関する事業を行い、もってNPOの健全な発展に寄与することを目的とする。
NPOに係る会計税務知識の普及啓発、会計税務専門家に対するNPOに関する知識の普及、NPOに係る会計税務に関する調査研究、NPOに係る会計税務に関する政策立案及び提言などを行っている。

上記以外の事務所の所在地	左記の事務所の責任者の氏名	役職
〒231-0017　神奈川県横浜市中区幸町1-2-3　電話（045）673 － 1234　FAX（045）673 － 5678	太田　久	事務局長
〒　電話（　）　－　FAX（　）　－		

52 条例個別指定基準の場合の第１表の記載方法

　条例個別指定基準で申請をしようとする場合には、申請日の前日までに、条例個別指定を受ける必要があります。

　第１表の上半分では、条例を制定した都道府県または市区町村と、条例指定を受けた年月日を記載します。

　神奈川県の指定NPO法人制度の場合には、「県内で活動する特定非営利活動法人であること」が要件で、県内に事務所が所在している必要はありません。ですが、条例個別指定基準で認定NPO法人の申請をする場合には、その条例を制定した都道府県または市区町村の区域内に事務所を有することが要件となっています。従って、神奈川県で活動をしているNPO法人が神奈川県の指定NPO法人になることはできますが、事務所が神奈川県にない場合には、条例個別指定法人としての申請はできないことになります。条例指定を受けた地域に事務所がある場合には、下半分で、「条例を制定した都道府県又は市区町村の区域内に事務所がある」の「はい」に○をしたうえで、その住所を記入します。なお、この場合の「事務所」とは、定款において定められた事務所（主たる事務所か従たる事務所かは問いません）をいいます。

　また、個人住民税の寄附金控除の対象となる法人として個別に指定を受けた旨の条例の写し（公報の写し）を添付する必要があります。

認定基準等チェック表 （第1表　条例個別指定法人用）

法人名	特定非営利活動法人　ＮＰＯ会計税務専門家ネットワーク	チェック欄
都道府県又は市区町村の条例により、個人住民税の寄附金税額控除の対象となる法人として個別に指定を受けていること		○

【留意事項】
1　条例を制定した都道府県又は市区町村の区域内に事務所を有する場合に限ります。
2　申請日の前日において、条例で定められており、かつ、その条例の効力が生じている必要があります。

条例を制定した都道府県又は市区町村	神奈川県
条　例　指　定　年　月　日	2012年　6月　1日

条例を制定した都道府県又は市区町村の区域内に事務所がある	(はい)・いいえ	事務所所在地　神奈川県横浜市中区幸町1丁目2-3

※　法人の所轄庁以外の都道府県又は市区町村の条例により、個人住民税の寄附金税額控除の対象となる法人として個別に指定を受けた旨の条例の写し（公報の写し）を添付してください。

＋

個人住民税の寄附金控除の対象となる法人として個別に指定を受けた旨の条例の写し

52　条例個別指定基準の場合の第1表の記載方法

53 条例個別指定基準の場合の第2表の記載方法

　絶対値基準、相対値基準の第2表と条例個別指定法人用の第2表ではどこがちがうのでしょうか？

　絶対値基準、相対値基準の第2表では、ロについて、「会員等、特定の団体の構成員、特定の職域に属する者、特定の地域に居住し又は事務所その他これらに準ずるものを有する者その他便益の及ぶ者が特定の範囲の者である活動（会員等に対する資産の譲渡等を除く）」とあり、注意事項として、「**特定の地域とは、一の市区町村の区域の一部で地縁に基づく地域をいいます**」と書かれています。

　一方、条例個別指定法人用の第2表では、「会員等、特定の団体の構成員、特定の職域に属する者その他便益の及ぶ者が特定の範囲の者である活動（**地縁に基づく地域に居住する者等に対する活動**及び会員等に対する資産の譲渡等を除く）」となっています。

　つまり、条例個別指定法人用の第2表では、「地縁に基づく地域に居住する者等に対する活動」に係る事業費の金額等をⓒの欄には含めないでよいことになっています。これは、そもそも条例個別指定法人の活動内容が、法人の事務所が所在する地域住民の生活に寄与しているもの、ということを考慮したものです。

認定基準等チェック表（第2表　条例個別指定法人用）

法人名	特定非営利活動法人　ＮＰＯ会計税務専門家ネットワーク	チェック欄
2	実績判定期間における事業活動のうち次の活動の占める割合が50％未満であること	○

　イ　会員等に対する資産の譲渡若しくは貸付け又は役務の提供（以下「資産の譲渡等」という。）、会員等相互の交流、連絡又は意見交換その他その対象が会員等である活動（資産の譲渡等のうち対価を得ないで行われるもの等を除く。）
　ロ　会員等、特定の団体の構成員、特定の職域に属する者その他便益の及ぶ者が特定の範囲の者である活動（地縁に基づく地域に居住する者等に対する活動及び会員等に対する資産の譲渡等を除く。）
　ハ　特定の著作物又は特定の者に関する普及啓発、広告宣伝、調査研究、情報提供その他の活動
　ニ　特定の者に対し、その者の意に反した作為又は不作為を求める活動

			実績判定期間
すべての事業活動に係る金額等	……	①	（指標　　　　　）　9,365,365
①のうちイ～ニの活動に係る金額等	……	②	485,102
イ	会員等に対する資産の譲渡等の活動（対価を得ないで行われるもの等を除く。）に係る金額等	ⓐ	
	会員等相互の交流、連絡又は意見交換その他その対象が会員等である活動に係る金額等	ⓑ	485,102
ロ	便益が及ぶ者が特定の範囲の者である活動に係る金額等	ⓒ	
ハ	特定の著作物又は特定の者に関する活動に係る金額等	ⓓ	
ニ	特定の者に対し、その者の意に反した作為又は不作為を求める活動に係る金額等	ⓔ	
	合計　（ⓐ+ⓑ+ⓒ+ⓓ+ⓔ）	ⓕ	485,102　⇒②へ
基準となる割合（②÷①）	……	③	5.2％

地縁に基づく地域に居住する者等に対する活動を ⓒ に含めなくてよい

52　条例個別指定基準の場合の第2表の記載方法

54 条例個別指定基準で申請する場合に必要な書類

　条例個別指定基準で申請する場合は、絶対値基準、相対値基準で申請する場合と第3表以下の書類については同じです。
　以下にその書類と参照箇所を示すことにします。

運営組織及び経理に関する基準	認定基準等チェック表（第3表）	P.106
	役員の状況（第3表付表1）	P.107
	帳簿組織の状況（第3表付表2）	P.109
事業活動に関する基準	認定基準等チェック表（第4表）	P.111
	役員等に対する報酬等の状況（第4表付表1）	P.114
	役員等に対する資産の譲渡等の状況等（第4表付表2）	P.115
情報公開に関する基準	認定基準等チェック表（第5表）	P.119
事業報告書等の提出に関する基準	認定基準等チェック表（第6,7,8表）	P.121
不正行為等に関する基準		
設立後の経過期間に関する基準		
欠格事由チェック表		P.123
寄附金を充当する予定の具体的な事業の内容を記載した書類		P.126

仮認定で申請する場合の申請書の作成

第4章

55 仮認定で申請する場合に必要な書類

　仮認定で申請をする場合には、「仮認定特定非営利活動法人としての仮認定を受けるための申請書」を使います。
　また、1号基準であるPST基準は免除されますので、寄附者名簿、PST基準を満たしていることを示す第1表は提出の必要はありません。第2表以下については、絶対値基準、相対値基準と同じチェック表等を使います。

<仮認定で申請をする場合>

- 仮認定を受けるための申請書

- 寄附者名簿
- 認定基準等チェック表（第1表）　　　　　不要

- 認定基準等チェック表（第2表〜第8表）
- 欠格事由チェック表　　　　　絶対値基準・相対値基準と同じ
- 寄附金を充当する予定の事業の内容を記載した書類

仮認定を受けるための申請書及び添付書類一覧（兼チェック表）

申 請 書 ・ 添 付 書 類				チェック
仮認定特定非営利活動法人としての仮認定を受けるための申請書				✓
1	寄附者名簿（注）			
2	認定基準等に適合する旨及び欠格事由に該当しない旨を説明する書類			
	イ、ロ、ハのいずれか1つの基準を選択してください。（注）			
	一号基準	イ	相対値基準・原則　又は　相対値基準・小規模法人	
			認定基準等チェック表（第1表　相対値基準・原則用）	
			認定基準等チェック表（第1表　相対値基準・小規模法人用）	
			受け入れた寄附金の明細表（第1表付表1　相対値基準・原則用）	
			受け入れた寄附金の明細表（第1表付表1　相対値基準・小規模法人用）	
			社員から受け入れた会費の明細表（第1表付表2　相対値基準用）	
		ロ	絶対値基準	
			認定基準等チェック表（第1表　絶対値基準用）	
		ハ	条例個別指定基準	
			認定基準等チェック表（第1表　条例個別指定法人用）	
	二号基準	いずれかの書類を提出することとなります。		
		認定基準等チェック表（第2表）		✓
		認定基準等チェック表（第2表　条例個別指定法人用）		
	三号基準	認定基準等チェック表（第3表）		✓
		役員の状況（第3表付表1）		✓
		帳簿組織の状況（第3表付表2）		✓
	四号基準	認定基準等チェック表（第4表）		✓
		役員等に対する報酬等の状況（第4表付表1）		✓
		役員等に対する資産の譲渡等の状況等（第4表付表2）		✓
	五号基準	認定基準等チェック表（第5表）		✓
	六～八号基準	認定基準等チェック表（第6、7、8表）		✓
	欠格事由チェック表			✓
3	寄附金を充当する予定の具体的な事業の内容を記載した書類			✓

56 仮認定で申請する場合の注意点

　仮認定は、すべてのNPO法人が申請して取得できると考えている方がいますが、そうではありません。
① 　仮認定申請ができるのは、認定申請と同様に、申請書を提出する日を含む事業年度の初日において、その設立の日以後1年を超える期間が経過している必要があります。従って、最低でも法人として設立してから2事業年度が経過し、3事業年度目でなければ申請ができません。
② 　仮認定はPST要件を満たしていなくても申請ができますが、それ以外の要件は満たしている必要があります。
③ 　仮認定の申請をできる法人は、申請書を提出した日の前日において、その設立の日から5年を経過していない法人だけです。これは、仮認定がスタートアップ支援という位置づけであるためです。ただし、改正NPO法施行日（平成24年4月1日）から起算して3年を経過する日までの間に仮認定の申請を行おうとするNPO法人は、法人の設立から5年を経過した法人であっても、仮認定の申請を行うことができます。
　また、仮認定の有効期間は、所轄庁による仮認定の日から起算して3年間になり、仮認定の有効期間が経過したときは、仮認定は失効します（更新はできません）。仮認定の有効期間中に認定申請をすることは構いません。認定NPO法人になったときは、仮認定は効力を失います。

仮認定特定非営利活動法人としての仮認定を受けるための申請書

受付印			
平成　年　月　日 東京都 知事・市長 殿	主たる事務所の所在地	〒 113-0031 東京都文京区根津1-19-14-201 電　話（03）3827 — 9127 FAX（03）5814 — 5332	
	（フリガナ）	トクテイヒエイリカツドウホウジン　エヌピーオーカイケイゼイムセンモンカネットワーク	
	申請者の名称	特定非営利活動法人　NPO会計税務専門家ネットワーク	
	（フリガナ）	イワナガ　キヨシゲ	
	代表者の氏名	岩永　清滋　　　　　　㊞	
	設立年月日	平成 16 年　5 月　24 日	
	事業年度	7 月　1 日～　6 月　30 日	
	過去の認定の有無 （過去に認定した所轄庁）	有 ・ ㊅ （　　　　　　　　　　　）	
	過去の仮認定の有無 （過去に仮認定した所轄庁）	有 ・ ㊅ （　　　　　　　　　　　）	

特定非営利活動促進法第58条第1項の仮認定を受けたいので申請します。

（現に行っている事業の概要）

NPOに関する会計税務の研究、普及、支援に関する事業を行い、もってNPOの健全な発展に寄与することを目的とする。

NPOに係る会計税務知識の普及啓発、会計税務専門家に対するNPOに関する知識の普及、NPOに係る会計税務に関する調査研究、NPOに係る会計税務に関する政策立案及び提言などを行っている。

上記以外の事務所の所在地	左記の事務所の責任者の氏名	役　職
〒 電　話（　）　— FAX（　）　—		
〒 電　話（　）　— FAX（　）　—		
〒 電　話（　）　— FAX（　）　—		

57 仮認定で申請する場合に必要な書類

　仮認定で申請する場合は、第2表以下の書類については絶対値基準、相対値基準で申請する場合とまったく同じです。

　以下にその書類と参照箇所を示すことにします。

活動の対象に関する基準	認定基準等チェック表（第2表）	P.103
運営組織及び経理に関する基準	認定基準等チェック表（第3表）	P.106
	役員の状況（第3表付表1）	P.107
	帳簿組織の状況（第3表付表2）	P.109
事業活動に関する基準	認定基準等チェック表（第4表）	P.111
	役員等に対する報酬等の状況（第4表付表1）	P.114
	役員等に対する資産の譲渡等の状況等（第4表付表2）	P.119
情報公開に関する基準	認定基準等チェック表（第5表）	P.119
事業報告書等の提出に関する基準	認定基準等チェック表（第6,7,8表）	P.121
不正行為等に関する基準		
設立後の経過期間に関する基準		
欠格事由チェック表		P.123
寄附金を充当する予定の具体的な事業の内容を記載した書類		P.126

認定後に必要な書類の作成等

第5章

58 認定を取得した後の流れ

認定NPO法人等になった後には、以下のことが必要になります。

(1) 事業年度終了後の役員報酬規程等の報告

　　認定NPO法人等は、所轄庁の条例で定めるところによって、毎事業年度1回、役員報酬規程や収益の源泉別明細、借入金の明細その他の資金に関する事項を記載した書類など一定の書類を所轄庁に提出しなければなりません。

(2) 助成金及び海外送金等の報告

　　認定NPO法人等は、助成金の支給を行ったときまたは海外への送金もしくは金銭の持ち出し（その金額が200万円以下のものを除きます）を行うときは、助成の実績を記載した書類及び海外送金の金額及び使途並びにその予定日を記載した書類を所轄庁に提出しなければなりません。

(3) その他の報告

　　認定NPO法人等は、代表者の変更があったときなど所定の異動・変更等が生じた場合には、その旨を記載した書類等を所轄庁に提出しなければなりません。

(4) 認定の有効期間の更新を受けるための書類

　　認定の有効期間の更新を受けようとする認定NPO法人は、有効期間の満了の日の6月前から3月前までの間に、有効期間の更新の申請書を所轄庁に提出し、有効期間の更新を受けることになります。

　所轄庁以外の都道府県の区域内に事務所を設置する認定NPO法人等は、所轄庁に提出した申請書及び添付書類の写しや認定等に関する書類の写し、上記(1)、(2)(3)を所轄庁以外の関係知事に提出しなければなりません。

(5) 仮認定NPO法人の認定申請

仮認定NPO法人は認定の更新ができませんので、仮認定期間中に認定NPO法人としての申請をするか、あるいは、仮認定の有効期間が過ぎて、認定されていないNPO法人に戻るか、いずれかになります。

<認定を取得した後の流れ>

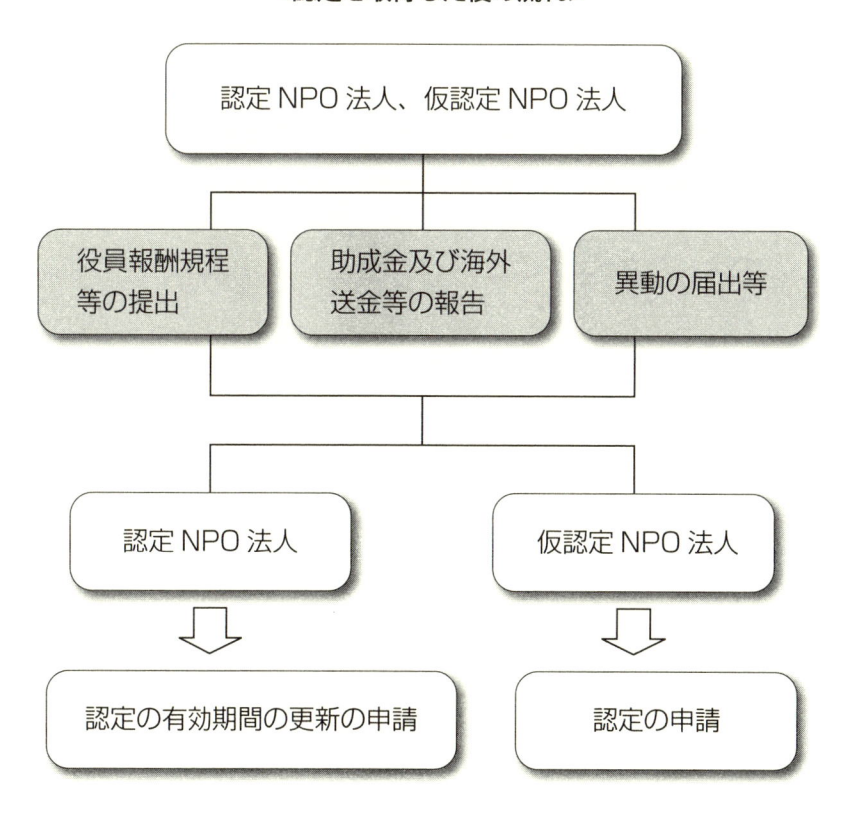

```
         認定NPO法人、仮認定NPO法人
                    │
        ┌───────────┼───────────┐
   役員報酬規程    助成金及び海外      異動の届出等
    等の提出       送金等の報告
        └───────────┼───────────┘
                    │
        ┌───────────┴───────────┐
     認定NPO法人              仮認定NPO法人
        ↓                        ↓
  認定の有効期間の更新の申請        認定の申請
```

59 毎事業年度提出する役員報酬規程等とは？

　認定NPO法人及び仮認定NPO法人は、毎事業年度1回、役員報酬規程等を所轄庁に提出しなければなりません。2以上の都道府県に事務所を設置する認定NPO法人等は、所轄庁のほか、所轄庁以外の関係知事にも提出する必要があります。

　提出する書類は、右頁に掲載している「認定（仮認定）特定非営利活動法人の役員報酬規程等提出書」と、その下に掲載してある書類です。具体的には、以下のものになります。

(1) 前事業年度の役員報酬又は職員給与の支給に関する規程
(2) 前事業年度の収益の明細その他の資金に関する事項、資産の譲渡等に関する事項、寄附金に関する事項その他の内閣府令で定める事項を記載した書類
(3) 法第45条第1項第3号、第4号イ及びロ、第5号並びに第7号に掲げる基準に適合している旨及び法第47条各号のいずれにも該当していない旨を説明する資料

　(1)は、「前事業年度の役員報酬又は職員給与の支給に関する規程」を添付しますが、一度提出をした場合には毎事業年度の添付は不要です。

　(2)は、認定申請時にはなかった書類で、次頁以降に詳しく見ていきます。

　(3)は、認定申請時にも提出した第3、4、5、7表及び欠格事由チェック表です。

認定特定非営利活動法人の役員報酬規程等提出書
仮認定特定非営利活動法人の役員報酬規程等提出書

平成　年　月　日	主たる事務所の所在地	〒113-0031 東京都文京区根津1-19-14-201 電　話（03）3827　―　9127 ＦＡＸ（03）5814　―　5332
	（フリガナ） 名　　　称	トクテイヒエイリカツドウホウジン　エヌピーオーカイケイゼイムセンモンカネットワーク 特定非営利活動法人　ＮＰＯ会計税務専門家ネットワーク
	（フリガナ） 代表者の氏名	イワナガ　キヨシゲ 岩永　清滋　　㊞
東京都知事・~~市長~~　殿	認定（仮認定）の有効期間 自　平成 24 年 12 月 16 日 至　平成 29 年 12 月 15 日	事　業　年　度 自　平成 24 年 7 月 1 日 至　平成 25 年 6 月 30 日

特定非営利活動促進法第55条第1項（第62条において準用する場合を含む。）の規定に基づき、以下の書類を提出します。

		チェック欄			チェック欄
(1)	前事業年度の役員報酬又は職員給与の支給に関する規程	✓	⑤	給与を得た職員の総数及び当該職員に対する給与の総額に関する事項	✓
(2)	前事業年度の収益の明細その他の資金に関する事項、資産の譲渡等に関する事項、寄附金に関する事項その他の内閣府令で定める事項を記載した書類 （特定非営利活動促進法第54条第2項第3号に定める事項を記載した書類）		⑥	支出した寄附金の額並びにその相手先及び支出年月日	✓
			⑦	海外への送金又は金銭の持出しを行った場合（その金額が二百万円以下の場合に限る。）におけるその金額及び使途並びにその実施日	✓
	① 収益の源泉別の明細、借入金の明細その他の資金に関する事項	✓	(3)	法第45条第1項第3号（ロに係る部分を除く。）、第4号イ及びロ、第5号並びに第7号に掲げる基準に適合している旨及び法第47条各号のいずれにも該当していない旨を説明する書類	
	② 資産の譲渡等に係る事業の料金、条件その他その内容に関する事項	✓		認定基準等チェック表（第3表） ※「ロ」の欄の記載は必要ありません。	
	③ 次に掲げる取引に係る取引先、取引金額その他の内容に関する事項 イ　収益の生ずる取引及び費用の生ずる取引のそれぞれについて、取引金額の最も多いものから順次その順位を付した場合におけるそれぞれ第一順位から第五順位までの取引 ロ　役員等との取引	✓		「役員の状況」第3表付表1	✓
				監査証明書　又は 「帳簿組織の状況」第3表付表2	✓
				認定基準等チェック表（第4表）(初葉)	✓
				認定基準等チェック表（第5表）	✓
	④ 寄附者（当該認定特定非営利活動法人等の役員、役員の配偶者若しくは三親等以内の親族又は役員と特殊の関係のある者で、前事業年度における当該認定特定非営利活動法人等に対する寄附金の額の合計額が二十万円以上であるものに限る。）の氏名並びにその寄附金の額及び受領年月日	✓		認定基準等チェック表（第7表）	✓
				欠格事由チェック表	✓

60 収益の明細書等の記載方法

1．資金に関する事項（P.173）

(1)の収益の源泉別の明細は、活動計算書の「受取会費」、「受取寄付金」、「受取助成金等」、「事業収益」、「その他収益」の区分ごとに記載します。事業収益について複数の事業を行っている場合には、事業の種類別に記載し、「その他収益」については、受取利息、雑収益等分けて記載すればよいでしょう。

(2)の借入金の明細は、財産目録に借入先ごとの明細が記載してあれば、そのまま財産目録の金額通りに記載すればよいでしょう。

2．資産の譲渡等の内容に関する事項（P.174）

販売や貸付、サービスの内容や料金、条件等を記載することになっていますが、個別の記載に代えて料金表、カタログ等を添付して、その旨を記載することも認められています。

3．取引の内容に関する事項（P.175）

(1)、(2)については、収益及び費用が生ずる取引それぞれについて取引金額の最も多いものから上位5者に対する取引内容等について記載します。

(3)は、役員、社員、職員もしくは寄附者またはこれらの者の親族等との取引を記載するものです。申請時に第4表付表2で、実績判定期間中の役員等に対する資産の譲渡等の状況等を記載しますが、これとほぼ同じ内容について、前事業年度中に生じたものを記載します。

特定非営利活動促進法第54条第2項第3号に定める事項を記載した書類

法人名	特定非営利活動法人 NPO会計税務専門家ネットワーク	事業年度	2012年7月1日～2013年6月30日

1 資金に関する事項 ［①収益の源泉別の明細、借入金の明細その他の資金に関する事項］

※ 丸数字は、特定非営利活動促進法第54条第2項第3号に定める事項の詳細について規定している特定非営利活動促進法施行規則第32条第1項各号に対応しています。以下同じです。

(1) 収益の源泉別の明細

収益源泉の内訳	金額
正会員受取会費	1,530,000 円
受取寄付金	9,000 円
受取民間助成金	273,000 円
シンポジウム参加料収益	124,000 円
受取利息	214 円
雑収益	40,000 円
	円
	円
	円
	円
	円
	円
	円
	円
合計	1,976,218 円

> 活動計算書の収益の部の区分通りに記入。
> 事業収益については事業の種類別に記入。
> その他収益については、受取利息と雑収益等に分けて記入。

(2) 借入金の明細

借入先	金額
○○信用金庫	200,000 円
	円
	円
	円
	円
合計	200,000 円

(3) その他

なし

2　資産の譲渡等の内容に関する事項　[②資産の譲渡等に係る事業の料金、条件その他その内容に関する事項]

(1) 資産の譲渡に係る料金及び条件等

譲渡資産の内容	料　金	条　件　等
NPO法人会計基準ハンドブック	500 円	送料は購入者負担
	円	
	円	
	円	
	円	
	円	
	円	
	円	

> 個別の記載に代えて料金表、カタログ等を添付して、その旨を記載することも認める

(2) 資産の貸付けに係る料金及び条件等

貸付資産の内容	料　金	条　件　等
なし	円	
	円	
	円	
	円	
	円	
	円	
	円	
	円	

(3) 役務の提供に係る料金及び条件等

役務の提供の内容	料　金	条　件　等
シンポジウム参加費	1,000 円	資料代
	円	
	円	
	円	
	円	
	円	
	円	
	円	

3 取引の内容に関する事項 ［③次に掲げる取引先、取引金額その他その内容に関する事項 イ 収益の生ずる取引及び費用の生ずる取引のそれぞれについて、取引金額の最も多いものから順次その順位を付した場合におけるそれぞれ第一順位から第五順位までの取引 ロ 役員等との取引］

(1) 収益の生ずる取引の上位5者

氏名又は名称	住所又は所在地	取引金額	取引内容等
A株式会社	千代田区九段南1-2-3	273,000 円	助成金
正会員		5,000 円	正会員会費
シンポジウム参加者		1,000 円	シンポジウム参加費
		円	
		円	

(2) 費用の生ずる取引の上位5者

氏名又は名称	住所又は所在地	取引金額	取引内容等
NPO法人B	新宿区四谷1-2-3	400,000 円	業務委託費
NPO法人C	中野区中野1-2-3	234,000 円	会員配布用冊子代
株式会社D	渋谷区宇田川町1-2-3	94,500 円	ホームページ保守料
シンポジウム講師(3名)	渋谷区桜丘町1-2-3	70,000 円	シンポジウム謝金
株式会社E	横浜市中区港町1-2-3	50,000 円	レンタルサーバー代

(3) 役員、社員、職員若しくは寄附者又はこれらの者の親族等との取引
　イ 資産の譲渡（棚卸資産を含む。）

取引先の氏名等	法人との関係	住所又は所在地	譲渡年月日	譲渡価格	譲渡資産の内容等
なし				円	

　ロ 資産の貸付け（金銭の貸付けを含む。）

取引先の氏名等	法人との関係	住所又は所在地	貸付年月日	対価の額	貸付資産の内容等
なし				円	

　ハ 役務の提供（施設の利用等を含む。）

取引先の氏名等	法人との関係	住所又は所在地	役務の提供年月日	対価の額	役務提供の内容等
なし				円	

4．寄附者に関する事項

　ここで記載するのは、役員からの寄附（役員の親族からの寄附も含みます）で、その事業年度中の合計が20万円以上の場合のみです。役員からの寄附以外の寄附については、20万円以上でも記入する必要はありませんし、役員からの寄附であっても20万円未満のものは記載の必要はありません。

5．給与の総額等に関する事項

　当期中に給与を支給した職員の総数とその職員に対する給与の総額を記載します。

6．支出した寄附金に関する事項

　当期中に支出した寄附金（助成金を含みます）について記載します。

7．海外への送金等に関する事項

　200万円以下の海外への送金または金銭の持ち出しを行った場合に記載します。200万円を超える海外送金等については、送金等をする前に届出書を提出する必要があります。

4 寄附者に関する事項 ［④寄附者（役員、役員の親族等で、当該法人に対する寄附金の額の事業年度中の合計額が20万円以上であるものに限る。）の氏名並びにその寄附金の額及び受領年月日］

氏　　　　名	寄　附　金　額	受領年月日
なし	円	．　．
	円	．　．
	円	．　．
	円	．　．
	円	．　．

5 給与の総額等に関する事項 ［⑤給与を得た職員の総数及び当該職員に対する給与の総額に関する事項］

給　与　を　得　た　職　員　の　総　数	左記の職員に対する給与総額
0	0 円

6 支出した寄附金に関する事項 ［⑥支出した寄附金の額並びにその相手先及び支出年月日］

支出年月日	支出先の名称	所　在　地	寄附の目的等	支出した寄附金額
．　．	なし			円
合　計				円

7 海外への送金等に関する事項（その金額が２００万円以下の場合に限る。）［⑦200万円以下の海外への送金又は金銭の持出しを行った場合におけるその金額及び使途並びにその実施日］

実　施　日	使　　　途	金　　額
．　．	なし	円

61 毎事業年度提出するチェック表

　毎事業年度提出する書類にも、申請時に提出する認定基準等チェック表と同じものがあります。どのチェック表が必要かを記載します。

認定基準	チェック表	該当記載頁	備考
運営組織及び経理に関する基準	認定基準等チェック表（第3表）	P.106	「ロ」は記載不要
	役員の状況（第3表付表1）	P.107	
	帳簿組織の状況（第3表付表2）	P.109	
事業活動に関する基準	認定基準等チェック表（第4表）	P.111	「ハ」「ニ」は記載不要
情報公開に関する基準	認定基準等チェック表（第5表）	P.119	
不正行為等に関する基準	認定基準等チェック表（第7表）	P.121	
欠格事由チェック表		P.123	

<役員報酬規程について>

　毎事業年度に提出する書類には、「前事業年度の役員報酬又は職員給与の支給に関する規程」がありますが、役員報酬や職員の給与を支払っていない場合には、下記のような役員報酬規程を参考にしてください。

特定非営利活動法人○○　役員等報酬規程

（目的）
第1条　この規程は、特定非営利活動法人○○の役員の報酬の支給の基準について定めることを目的とする。

（報酬及び費用の支給）
第2条　この法人は、常勤及び非常勤にかかわらず、役員報酬は一切支給しない。ただし、旅費等の実費は支給することができる。

（補則）
第3条　この規程の実施に関し必要な事項は、社員総会が別に定める。

62 認定後に提出するその他の書類

　認定または仮認定を受けたNPO法人は、毎事業年度提出する役員報酬規程等以外に、以下のような書類を所轄庁に提出しなければなりません。

1．助成金の支給を行った場合の実績の提出書
　認定NPO法人等が助成金の支給を行った場合には、支給後、遅滞なく助成の実績を記載した書類を所轄庁に提出しなければなりません。

2．海外への送金または金銭の持出しを行う場合の提出書
　認定NPO法人等が200万円を超える海外への送金または金銭の持出しをする場合には、送金または持出しをする前に、金額及び使途並びにその予定日を記載した書類を所轄庁に提出しなければなりません。ただし、災害に対する援助等緊急を要する場合で事前の提出が困難なときは、送金または持出しをした後遅滞なく提出すれば構いません。

3．代表者変更届出書
　認定NPO法人等の代表者の氏名に変更があった場合に所轄庁に届出をします。

4．定款変更の認証を受けた場合の提出書
　2以上の都道府県に事務所を設置する法人が定款の変更の認証を受けた場合に、所轄庁以外の関係知事に提出をします。

様式例（P383 備考第二十七2関係）

認定特定非営利活動法人が助成金の支給を行った場合の実績の提出書
仮認定特定非営利活動法人が助成金の支給を行った場合の実績の提出書

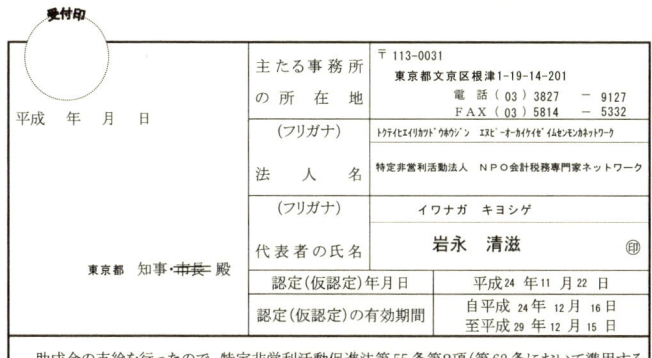

受付印	主たる事務所の所在地	〒113-0031 東京都文京区根津1-19-14-201 電話（03）3827 － 9127 FAX（03）5814 － 5332	
平成　年　月　日	（フリガナ）	トクテイヒエイリカツドウホウジン　エヌピーオーカイケイゼイムセンモンカネットワーク	
	法　人　名	特定非営利活動法人　NPO会計税務専門家ネットワーク	
	（フリガナ）	イワナガ　キヨシゲ	
東京都　知事・市長　殿	代表者の氏名	岩永　清滋　㊞	
	認定（仮認定）年月日	平成24 年11 月22 日	
	認定（仮認定）の有効期間	自平成24 年12 月16 日 至平成29 年12 月15 日	

助成金の支給を行ったので、特定非営利活動促進法第55条第2項（第62条において準用する場合を含む。）に規定する助成の実績を以下のとおり提出します。

支　給　日	支　給　対　象　者	支給金額	助成対象の事業等
平成25 年3 月10 日	NPO法人F	300,000 円	会計基準普及事業

> 助成金の支給を行った場合に、支給後遅滞なく提出

様式例（P383 備考第二十七3関係）

認定特定非営利活動法人が海外への送金又は金銭の持出しを行う場合の提出書
仮認定特定非営利活動法人が海外への送金又は金銭の持出しを行う場合の提出書

受付印	主たる事務所の所在地	〒113-0031 東京都文京区根津1-19-14-201 電話（03）3827 － 9127 FAX（03）5814 － 5332	
平成　年　月　日	（フリガナ）	トクテイヒエイリカツドウホウジン　エヌピーオーカイケイゼイムセンモンカネットワーク	
	法　人　名	特定非営利活動法人　NPO会計税務専門家ネットワーク	
	（フリガナ）	イワナガ　キヨシゲ	
東京都　知事・市長　殿	代表者の氏名	岩永　清滋　㊞	
	認定（仮認定）年月日	平成24 年11 月22 日	
	認定（仮認定）の有効期間	自平成24 年12 月16 日 至平成29 年12 月15 日	

海外へ200万円超の（送金／金銭の持出し）を（行うことになった／行った）ので、特定非営利活動促進法第55条第2項（第62条において準用する場合を含む。）の規定に基づき、以下のとおり提出します。

金　額	使　途	予定日（実施日）
2,500,000 円	ミャンマーにおける会計普及事業	平成25 年5 月31 日

> 200万円を超える海外送金等を行う場合には送金等の前に提出

<領収書の発行について>

　認定または仮認定を受けた日以後の寄附については、税制上の優遇措置が受けられますので、その旨、寄附者などに報告しましょう。

　また、認定を受けた日以後の寄附に対する領収書は、税制上の優遇措置が受けられることを明示する必要がありますので、領収書の発行のしかたも変わります。

　認定NPO法人が発行する領収書は特に形式は問われませんが、以下の項目は記載する必要があります。

① 認定NPO法人等の名称
② 所在地
③ 所轄庁からの認定通知書に記載された番号
④ 認定年月日
⑤ 受領した寄附金の額
⑥ 受領年月日
⑦ どのような特定非営利活動に係る事業に関連する寄附金であるか

　なお、寄附金控除については、住民税の控除の対象になることもあります。例えば、東京都に主たる事務所がある認定NPO法人であれば、都民が支出した寄附金は東京都の住民税の控除対象になります。

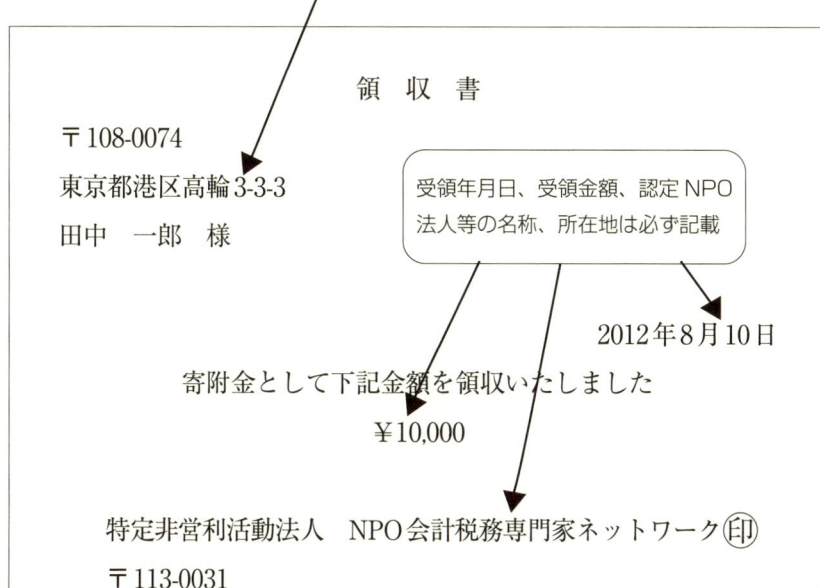

> 住民税の控除を受ける場合には寄附者の住所も記載

> 受領年月日、受領金額、認定NPO法人等の名称、所在地は必ず記載

領 収 書

〒108-0074
東京都港区高輪3-3-3
田中　一郎　様

2012年8月10日

寄附金として下記金額を領収いたしました
¥10,000

特定非営利活動法人　NPO会計税務専門家ネットワーク㊞
〒113-0031
東京都文京区根津1丁目19番地14－201号

　上記金額は、NPOに係る会計税務知識の普及啓発のための特定非営利活動へのご寄附であることを証明いたします。（国税庁認定番号：課法11-366　認定年月日：平成23年11月22日）
当寄附金は、所得税・法人税・相続税の控除対象となります。
当寄附金は東京都の条例指定対象寄附金です。
詳細につきましては、お近くの税務署、都税事務所までお問い合わせください。

> 認定番号、認定年月日を必ず記載する

> どのような特定非営利活動に係る寄附金であるかを記載する

更新時等に必要な書類の作成

第 6 章

63 認定の更新をしようとするときの手続き

　認定の有効期間は５年間です。認定の更新をしようとする場合には、有効期間の満了の日の６月前から３月前までの間に右に掲げた書類を添付した有効期間の更新の申請書を所轄庁に提出し、有効期間の更新を受けます。＠PROの認定の有効期間が2012年12月16日〜2017年12月15日だとすると、有効期間の更新のための申請書は、2017年6月16日〜9月15日までの間に提出することになります。

　更新時に提出する書類は、認定時とほぼ同じですが、以下の点が異なります。

① 寄附者名簿の提出の必要はありません。ただし、所轄庁への提出が不要なだけであり、寄附者名簿は、名簿作成の日から５年間事務所に備えおく必要があります。

② 毎事業年度提出している「役員報酬規程等」の提出書類に記載されている事項については改めて記載する必要はありません。なお、認定基準等チェック表の添付を省略する場合には、チェック欄に「省略」と記載してください。

③ 認定基準等チェック表「第３表ロ」欄と「認定基準等チェック表第６表、第８表」の記載の必要はありません。

＜更新時の実績判定期間について＞
　認定の有効期間の更新の申請をする場合に、実績判定期間は、更新を受けようとするNPO法人の直前に終了した事業年度の末日以前５年内に終了した事業年度のうち最も早い事業年度の初日から末日までの期間になります。

認定の有効期間の更新の申請書及び添付書類一覧（兼チェック表）

申請書・添付書類				チェック
認定特定非営利活動法人としての認定を受けるための申請書				✓
1 寄附者名簿（注）				
2 認定基準等に適合する旨及び欠格事由に該当しない旨を説明する書類				
一号基準	イ、ロ、ハのいずれか1つの基準を選択してください。			
	イ 相対値基準・原則 又は 相対値基準・小規模法人			
		認定基準等チェック表（第1表　相対値基準・原則用）		
		認定基準等チェック表（第1表　相対値基準・小規模法人用）		
		受け入れた寄附金の明細表（第1表付表1　相対値基準・原則用）		
		受け入れた寄附金の明細表（第1表付表1　相対値基準・小規模法人用）		
		社員から受け入れた会費の明細表（第1表付表2　相対値基準用）		
	ロ 絶対値基準			
		認定基準等チェック表（第1表　絶対値基準用）		✓
	ハ 条例個別指定基準			
		認定基準等チェック表（第1表　条例個別指定法人用）		
二号基準	いずれかの書類を提出することとなります。			
	認定基準等チェック表（第2表）			✓
	認定基準等チェック表（第2表　条例個別指定法人用）			
三号基準	認定基準等チェック表（第3表）			省略
	役員の状況（第3表付表1）			省略
	帳簿組織の状況（第3表付表2）			省略
四号基準	認定基準等チェック表（第4表）			✓
	役員等に対する報酬等の状況（第4表付表1）			省略
	役員等に対する資産の譲渡等の状況等（第4表付表2）			省略
五号基準	認定基準等チェック表（第5表）			省略
六～八号基準	認定基準等チェック表（第6、7、8表）			省略
欠格事由チェック表				✓
3 寄附金を充当する予定の具体的な事業の内容を記載した書類				✓

（注意事項）
1　寄附者名簿の添付は必要ありません（法51⑤）。
2　法第55条第1項に基づき所轄庁に提出した書類（役員報酬規定等提出用書類）に記載した事項は、改めて記載する必要はありません（法51⑤ただし書）。なお、認定基準等チェック表の添付を省略する場合はチェック欄に「省略」と記載してください。
3　「認定基準等チェック表（第3表）ロ」欄及び「設定基準等チェック表（第6表）並びに（第8表）」欄の記載は必要ありません。

64 認定の更新をするときに提出する書類

認定の更新をする場合に提出する書類は、基本的に申請時と同じですが、いくつか省略できるものがあります。以下にまとめます。

認定基準	チェック表	更新時
パブリックサポートテストに関する基準	認定基準等チェック表（第1表）	必要
活動の対象に関する基準	認定基準等チェック表（第2表）	必要
運営組織及び経理に関する基準	認定基準等チェック表（第3表）	省略可
	役員の状況（第3表付表1）	省略可
	帳簿組織の状況（第3表付表2）	省略可
事業活動に関する基準	認定基準等チェック表（第4表）	「ハ」「ニ」は必要
	役員等に対する報酬等の状況（第4表付表1）	省略可
	役員等に対する資産の譲渡等の状況等（第4表付表2）	省略可
情報公開に関する基準	認定基準等チェック表（第5表）	省略可
事業報告書等の提出等に関する基準	認定基準等チェック表（第6, 7, 8表）	省略可
欠格事由チェック表		必要
寄附金を充当する予定の具体的な事業の内容を記載した書類		必要

認定特定非営利活動法人の認定の有効期間の更新の申請書

受付印	主たる事務所の所在地	〒 113-0031 東京都文京区根津1-19-14-201 電話（03）3827 — 9127 FAX（03）5814 — 5332	
平成　年　月　日	（フリガナ）	トクテイヒエイリカツドウホウジン　エヌピーオーカイケイゼイムセンモンカネットワーク	
	申請者の名称	特定非営利活動法人　ＮＰＯ会計税務専門家ネットワーク	
	（フリガナ）	イワナガ　キヨシゲ	
	代表者の氏名	岩永　清滋　　　　㊞	
東京都知事・市長 殿	認定の有効期間	自平成 24 年 12 月 16 日 至平成 29 年 12 月 15 日	本申請において適用するパブリックサポート基準
	認定の有効期間の満了日の6月前の日	平成 29 年　6 月 16 日	□相対値基準・原則
	認定の有効期間の満了日の3月前の日	平成 29 年　9 月 16 日	□相対値基準・小規模法人 ☑絶対値基準
	事業年度	7 月　1 日～　6 月 30 日	□条例個別指定法人

特定非営利活動促進法第51条第2項の認定の有効期間の更新を受けたいので申請します。

（現に行っている事業の概要）

NPOに関する会計税務の研究、普及、支援に関する事業を行い、もってNPOの健全な発展に寄与することを目的とする。

NPOに係る会計税務知識の普及啓発、会計税務専門家に対するNPOに関する知識の普及、NPOに係る会計税務に関する調査研究、NPOに係る会計税務に関する政策立案及び提言などを行っている。

上記以外の事務所の所在地	左記の事務所の責任者の氏名	役　職
〒　　　　　　　　　　　　　　　　電　話（　）　—　　　　　　FAX（　）　—		
〒　　　　　　　　　　　　　　　　電　話（　）　—　　　　　　FAX（　）　—		

65 仮認定を受けた後に認定NPO法人になる場合

　仮認定の有効期間は、仮認定を受けた日から3年間です。仮認定の有効期間中にいつでも認定NPO法人としての申請をすることができます。例えば、＠PROが仮認定の申請をし、仮認定の有効期間が2012年12月16日〜2015年12月15日だったとします。仮認定を取得したことにより寄附が大幅に増えて、2011年7月1日〜2013年6月30日を実績判定期間としてPSTの要件をクリアできるようになっていれば、仮認定期間である2013年7月1日〜2014年6月30日の間に認定の申請をして、仮認定NPO法人から認定NPO法人に移ることができます。認定がされた時点で仮認定は失効し、仮認定の有効期間は引き継ぎませんので、認定がされてからまた5年間が有効期間になります。

　仮認定は、認定と違い、更新はできませんので、仮認定の有効期間が経過すれば、その効力を失います。仮認定としての再度の申請はできませんが、仮認定の効力を失った後であっても認定NPO法人としての申請をすることはまったく問題がありません。

　つまり、仮認定の場合には、以下の3つのパターンが考えられます。

① 仮認定の有効期間中に認定NPO法人を目指す場合
② 仮認定の有効期間が終了し、仮認定が失効した後認定NPO法人を目指す場合
③ 仮認定の有効期間が終了し、そのまま認定の申請をしない場合

　②の場合には、仮認定が失効してから認定がされるまでの寄附については税制上の優遇を受けることはできません。

＜国税庁認定と所轄庁認定＞

　認定NPO法人制度は、従来は国税庁長官が認定をする制度でしたが、2012年4月1日以降は、所轄庁が認定する制度に変わりました。それでは、2012年3月31日以前に国税庁から認定された認定NPO法人はどのような扱いになるのでしょうか？

　国税庁認定の認定NPO法人は、その認定期間が終了するまでは、あくまで国税庁認定のままであり、毎事業年度の提出書類なども所轄庁ではなく、税務署を通して国税庁長官に提出することになります。次の認定の更新の時に、所轄庁に申請をすることで、所轄庁認定の認定NPO法人になります。

　しかし、国税庁認定の認定NPO法人が所轄庁認定の認定NPO法人として申請することは可能です。@PROも、2011年12月に国税庁認定の認定NPO法人になりましたが、2012年5月に所轄庁（東京都）認定の認定NPO法人になるべく申請をしています。つまり、国税庁認定と所轄庁認定のダブルで認定を受けることが可能です。

　国税庁認定と所轄庁認定では税制上の優遇措置に少し違いがあり、みなし寄附金制度は、所轄庁認定のほうが優遇されています（みなし寄附金の控除上限額が、国税庁認定の場合には所得の20％であるのに対し、所轄庁認定は、所得の50％または200万円のいずれか大きい金額になる）。従って、みなし寄附の優遇を受けたい国税庁認定の認定NPO法人は、まだ認定の有効期間が残っている場合であっても、所轄庁認定をすることをお勧めします。

◎所轄庁一覧（都道府県）

都道府県	担当部署	電話番号	所在地
北海道	環境生活部 くらし安全局道民生活課	011-204-5095	札幌市中央区北3条西6丁目
青森県	環境生活部 県民生活文化課	017-734-9207	青森市長島1-1-1
岩手県	政策地域部NPO・文化国際課	019-629-5199	盛岡市内丸10-1
宮城県	環境生活部 共同参画社会推進課	022-211-2576	仙台市青葉区本町3-8-1
秋田県	企画振興部 地域活力創造課	018-860-1245	秋田市山王四丁目1番1号
山形県	企画振興部 県民文化課 県民活動プロスポーツ支援室	023-630-2284	山形市松波2-8-1
福島県	企画調整部 文化スポーツ局文化振興課	024-521-7179	福島市杉妻町2番16号
茨城県	生活環境部 生活文化課県民運動推進室	029-224-8120	水戸市三の丸1-5-38 茨城県三の丸庁舎2F
栃木県	県民生活部 県民文化課県民協働推進室	028-623-3422	宇都宮市塙田1丁目1番20号
群馬県	生活文化部 NPO・多文化共生推進課	027-226-2291	前橋市大手町一丁目1番1号
埼玉県	県民生活部 共助社会づくり課	048-830-2836	さいたま市浦和区高砂3-15-1
千葉県	環境生活部 県民交流・文化課	043-223-4137	千葉市中央区市場町1番1号
東京都	生活文化局 都民生活部管理法人課	03-5388-3095	東京都新宿区西新宿2-8-1
神奈川県	県民局 県民活動部NPO協働推進課 （NPO法人グループ）	045-312-1121（代） 2865（内線）	横浜市神奈川区鶴屋町2-24-2 かながわ県民センター8階
新潟県	県民生活・環境部 県民生活課	025-280-5134	新潟市中央区新光町4番地1
富山県	男女参画・ボランティア課	076-444-9012	富山市新総曲輪1-7
石川県	NPO活動支援センター	076-223-9558	金沢市香林坊2-4-30 香林坊ラモーダ7階
福井県	総務部男女参画・県民活動課（ふくい県民活動センター）	0776-29-2522	福井市手寄1丁目4-1 AOSSA 7階 ふくい県民活動センター
山梨県	企画県民部 県民生活・男女参画課	055-223-1351	甲府市丸の内1丁目6-1
長野県	企画部 県民協働・NPO課	026-235-7189	長野市大字南長野字幅下692-2
岐阜県	環境生活部 環境生活政策課	058-272-8203	岐阜市薮田南2丁目1番地1
静岡県	くらし・環境部 県民生活局県民生活課	054-221-3726	静岡市葵区追手町9番6号

都道府県	部署	電話番号	住所
愛知県	県民生活部 社会活動推進課NPO・ボランティアグループ	052-961-8100	名古屋市東区上竪杉町1 ウィルあいち2階
三重県	環境生活部 男女共同参画・NPO課（NPOグループ）	059-222-5981	津市羽所町700番地 アスト津3階
滋賀県	総合政策部 県民活動生活課県民活動促進担当	077-528-4633	大津市京町四丁目1番1号
京都府	府民生活部府民力推進課	075-414-4210	京都市上京区下立売通新町西入薮ノ内町
大阪府	府民文化部男女参画・府民協働課NPOグループ	06-6210-9320	大阪市住之江区南港北1丁目14-16（大阪府咲洲庁舎38階）
兵庫県	企画県民部 県民文化局協働推進室	078-362-9102	神戸市中央区下山手通5丁目10番1号
奈良県	くらし創造部 協働推進課	0742-27-8715	奈良市登大路町30 奈良県庁主棟2F
和歌山県	環境生活部 県民局県民生活課NPO・県民活動推進室	073-441-2369	和歌山市小松原通1-1
鳥取県	未来づくり推進局 鳥取力創造課	0857-26-7071	鳥取市東町一丁目220番地
島根県	環境生活部 環境生活総務課 NPO活動推進室	0852-22-5096	松江市殿町1番地
岡山県	県民生活部 県民生活交通課 県民協働推進班	086-226-7247	岡山市北区内山下2丁目4番6号
広島県	環境県民局県民活動課	082-513-2721	広島市中区基町10-52
山口県	環境生活部 県民生活課	083-933-2614	山口市滝町1番1号
徳島県	県民環境部県民との協働課	088-621-2023	徳島市万代町1-1
香川県	総務部県民活動・男女共同参画課ボランティア・男女共同参画推進グループ	087-832-3174	高松市番町四丁目1番10号
愛媛県	県民環境部 管理局県民活動推進課 NPO・ボランティア係	089-912-2305	松山市一番町四丁目4-2
高知県	文化生活部 県民生活・男女共同参画課	088-823-9769	高知市丸ノ内1丁目2番20号
福岡県	新社会推進部 社会活動推進課（NPO・ボランティアセンター）	092-631-4411	福岡市博多区吉塚本町13番50号 福岡県吉塚合同庁舎5階
佐賀県	くらし環境本部 男女参画・県民協働課	0952-25-7374	佐賀市城内一丁目1番59号
長崎県	県民生活部 県民協働課 県民協働推進班	095-895-2314	長崎市江戸町2-13
熊本県	（認証）くまもと県民交流館NPO・ボランティア協働センター	096-355-1186	熊本市手取本町8番9号 くまもと県民交流館パレア
熊本県	（認定）環境生活部 県民生活局男女・参画協働推進課	096-333-2286	熊本市水前寺6丁目18番1号
大分県	消費生活・男女共同参画プラザ県民活動支援室	097-534-2052	大分市東春日町1-1
宮崎県	県民政策部生活・協働・男女参画課	0985-26-7048	宮崎市橘通東2丁目10番1号
鹿児島県	かごしま県民交流センター 協働活動促進課	099-221-6605	鹿児島市山下町14番50号
沖縄県	環境生活部 県民生活課	098-866-2187	那覇市泉崎1丁目2番2号

◎所轄庁一覧(指定都市)

指定都市	担当部署	電話番号	所在地
札幌市	市民自治推進室 市民活動促進担当課	011-211-2964	札幌市中央区北1条西2丁目
仙台市	市民局市民協働推進部市民協働推進課	022-214-1080	仙台市青葉区二日町1番23号 二日町第四仮庁舎2階(アーバンネット勾当台ビル)
さいたま市	市民・スポーツ文化局市民生活部コミュニティ推進課市民活動支援室	048-813-6403	さいたま市浦和区東高砂町11番1号 コムナーレ9階
千葉市	市民局市自治推進部市民自治推進課	043-245-5664	千葉市中央区千葉港1-1
横浜市	横浜市市民局 市民活動支援課	045-227-7966	横浜市中区桜木町1-1-56 みなとみらい21クリーンセンタービル7階
川崎市	市民・こども局 市民生活部市民協働推進課	(認証) 044-200-2341 (認定) 044-200-3821	川崎市川崎区宮本町1番地
相模原市	企画市民局 市民部 市民協働推進課	042-769-9225	相模原市中央区中央2-11-15
新潟市	市民生活部 コミュニティ支援課	025-226-1102	新潟市中央区学校町通1番町602番地1
静岡市	生活文化局市民生活部市民生活課	054-221-1372	静岡市葵区追手町5番1号
浜松市	市民部 市民協働・地域政策課	053-457-2094	浜松市中区元城町103番地の2
名古屋市	市民経済局 地域振興部市民活動推進センター	052-228-8039	名古屋市中区栄三丁目18番1号ナディアパークデザインセンタービル6階
京都市	文化市民局 地域自治推進室 市民活動支援担当	075-222-4072	京都市中京区寺町通御池上る上本能寺前町488番地
大阪市	市民局 市民部 地域活動課 市民活動グループNPO認証担当	06-6208-9864	大阪市北区中之島1丁目3番20号
堺市	市民生活部市民協働課	072-228-7405	堺市堺区南瓦町3番1号
神戸市	市民参画推進局 参画推進部 市民協働推進課	(認証) 078-322-6837 (認定) 078-322-6836	神戸市中央区加納町6丁目5番1号
岡山市	安全・安心ネットワーク推進室	086-803-1061	岡山市北区大供一丁目1番1号
広島市	市民局市民活動推進課	082-504-2746	広島市中区国泰寺町一丁目6-34
北九州市	北九州市市民活動サポートセンター	093-562-5309	北九州市小倉北区大手町11-4
福岡市	市民局コミュニティ推進部市民公益活動推進課	092-711-4927	福岡市中央区天神1丁目8番1号
熊本市	企画振興局市民協働課	096-361-0168	熊本市中央区大江5丁目1番1号 総合保健福祉センター内

平成24年4月現在。内閣府大臣官房市民活動促進課 「特定非営利活動促進法に係る諸手続きの手引き」一部修正)

<参考書籍等>
『特定非営利活動促進法に係る諸手続きの手引き』内閣府大臣官房市民活動促進課
『とるぞ！認定NPO法人』 脇坂誠也著（シーズ・市民活動を支える制度をつくる会）
『NPO法人会計基準（完全収録版)』 NPO法人会計基準協議会著（八月書館）

認定特定非営利活動法人NPO会計税務専門家ネットワーク

認定NPO法人NPO会計税務専門家ネットワークは、NPOを支援する専門家のネットワークです。会員は、会計士、税理士を中心に、経理実務の経験者、大学等での研究者や教育者、NPOの中間支援組織のメンバーなどが全国から参加しています。

代表　岩永　清滋

〒113-0031　東京都文京区根津1丁目19番地14-201号
Tel 03-3827-9127　Fax03-5814-5332
inquiry@npoatpro.org

事例で学ぶ認定NPO法人の申請実務
―― 改正NPO法による書類作成の手引き ――

2012年7月5日　第1版第1刷発行

編　者	認定特定非営利活動法人 NPO会計税務専門家 ネットワーク　編
発行者	高橋　考
発　行	三和書籍

〒112-0013　東京都文京区音羽2-2-2
電話 03-5395-4630　FAX 03-5395-4632
sanwa@sanwa-co.com
http://www.sanwa-co.com/
印刷／製本　モリモト印刷株式会社

乱丁、落丁本はお取替えいたします。定価はカバーに表示しています。
本書の一部または全部を無断で複写、複製転載することを禁じます。

ISBN978-4-86251-135-5 C2032

三和書籍の好評図書
Sanwa co.,Ltd.

災害と住民保護
（東日本大震災が残した課題、諸外国の災害対処・危機管理法制）

浜谷英博／松浦一夫［編著］
A5判　並製　274頁　定価3500円＋税

●災害対策においてわが国が抱える実態面と法制面からの徹底した現状分析と対処措置の是非を論じ、さらに欧米各国の災害対策制度の特徴を詳細に論じる。

中国共産党のサバイバル戦略

法政大学法学部教授・菱田雅晴［編著］
A5判　上製　520頁　定価：6000円＋税

●中国共産党は1970年代末の改革開放政策着手によってもたらされた環境の激変から危機的様相を強め、今や存続が危殆に瀕しているのか。それとも逆に危機を好機としてその存在基盤を再鋳造し組織を強固にしているのか…。中国共産党の戦略を鋭く分析する。

増補版　尖閣諸島・琉球・中国
【分析・資料・文献】

日本大学名誉教授・浦野起央 著
A5判 290頁　上製本　定価：10,000円＋税

●日本、中国、台湾が互いに領有権を争う尖閣諸島問題……。筆者は、尖閣諸島をめぐる国際関係史に着目し、各当事者の主張をめぐって比較検討してきた。本書は客観的立場で記述されており、特定のイデオロギー的な立場を代弁していない。当事者それぞれの立場を明確に理解できるように十分配慮した記述がとられている。

意味の論理

ジャン・ピアジェ／ローランド・ガルシア 著 芳賀純／能田伸彦 監訳
A5判 238頁 上製本 3,000円＋税

●意味の問題は、心理学と人間諸科学にとって緊急の重要性をもっている。本書では、発生的心理学と論理学から出発して、この問題にアプローチしている。